AF224863

L'ARMÉE DE MAC-MAHON

ET LA

BATAILLE DE BEAUMONT

PRÉFACE

DE LA DEUXIÈME ÉDITION

Il y a cinq mois que la première édition de ces « Lettres sur la *Guerre* et la *situation* » est épuisée. Les quinze cents exemplaires ont disparu sans que Paris en ait entendu parler, sans que la presse française s'en soit occupée.

Cependant nous hésitions à les réimprimer.

La *situation*, il est vrai, n'est pas changée ; mais la *guerre* est finie, et le public est saturé des récits qui en retracent les mille navrants épisodes, tous variés, et tous semblables.

Voici les raisons qui ont motivé notre détermination.

Nous avions la certitude d'avoir écrit un document sincère et véridique ; et aussi , en racontant nos malheurs , d'en avoir signalé les vraies causes , soutenu en même temps les vrais principes sociaux , et la pure doctrine du droit des Gens en ce qui regarde la Guerre. Les suffrages d'hommes sérieux nous ont assuré que nous n'avions pas accompli cette tâche sans succès. M. le Général de Sonis , — ce nom est de ceux qui n'ont pas besoin d'épithète , — nous a écrit qu'il partageait nos sentiments sur la partie morale du livre. La première tête diplomatique de notre temps , M. David Urquhart ; la première autorité en matière d'observation des faits sociaux et de connaissances sociales , M. F. Le Play , ont joint leurs suffrages à ceux de feu Mgr Delalle , évêque de Rodez , et du R. P. Ramière , et ont applaudi à l'exposé des principes. M. le comte de B**** , que je ne nomme pas parce qu'il voile lui-même sa plume de publiciste et de diplomate clairvoyant , nous a écrit que « l'Armée de Mac-Mahon » restera une page historique de premier ordre , et qu'elle renferme de grands enseignements sous une forme simple et à la portée de tous. La seule feuille sérieuse qui , à notre connaissance , en ait rendu compte, est une Revue étrangère : le *Tablet*. Il a parlé dans le même sens, et dit, que ce livre est appelé à survivre aux productions littéraires plus ou moins éphémères ou plus ou moins durables, que la guerre franco-allemande a fait éclore. Il veut bien comparer notre manière à celle de MM. Erckmann-Chatrian (qu'il admire), et prétend que leur *maîtresse-plume* serait fière de nous avoir écrit.

Nous ne pouvions plus guère hésiter, en présence de ces appréciations, et de beaucoup d'autres pareilles. Nous ne les avions point sollicitées; et elles nous venaient de personnes considérables que, sauf un petit nombre, nous n'avions pas l'honneur de connaître auparavant. En attribuant une large part dans ces éloges à la bienveillance, et à l'intérêt inhérent au sujet traité, il restait encore assez d'encouragements pour nous impressionner.

Une considération d'un autre ordre nous a ému. Plusieurs aujourd'hui, parmi les meilleurs, désespèrent du sens moral des gouvernants et des peuples, en matière de droit des Gens et de meurtre, au point de croire que c'est une chose inopportune , un ingrat et vain labeur, de chercher à remettre en honneur cette partie importante du droit et de la justice divine et humaine. C'est un travail plus vain , disent-ils , que l'effort tenté dans le but de ressusciter la foi.

En fût-il ainsi , ce serait un motif de plus pour moi , je l'avoue , de l'entreprendre. Ce serait un motif de plus pour moi , de crier au meurtre , et à l'assassin ! de toute l'énergie de ma faible voix , comme saint Jean au désert. Je lisais hier que le livre *du Pape* , lorsqu'il parut pour la première fois, ne trouva que deux cents lecteurs , et fut accueilli comme une sorte de paradoxe , un paradoxe sans charme , une théorie sans aucune portée pratique. Qu'importait à de Maistre , en possession et en jouissance de la vérité , cette indifférence ? — Aujourd'hui la doctrine de ce livre *du Pape* , alors surannée, est redevenue celle de la France catholique , et ses deux cents premiers approbateurs , aujourd'hui c'est l'Église ! et avec l'Église , c'est le Protestantisme lui-même , dans ce qu'il a de plus éclairé, qui tourne ses regards vers *le Pape*, et attend de lui le salut de l'Europe.

Aujourd'hui , pourquoi ceux qui travaillent à ressusciter la foi persévèrent-ils dans leur effort , malgré l'insuccès apparent ? C'est qu'ils espèrent. L'espérance , en effet , fût-elle morte d'inanition au fond de la boîte de Pandore, ne peut s'éteindre dans les cœurs apostoliques. Or si l'heure du réveil doit bientôt sonner , si le temps des grandes lumières est proche, pourquoi penser que le droit des Gens restera éclipsé , comme un astre ténébreux , dans le clair jour que nous espérons ? Et pourquoi , en attendant l'accroissement de Dieu seul , et précisément parce que nous l'attendons, ne pas semer, avec les autres, cette parole de justice , dans le champ où la vertu divine peut seule la féconder ?

Aussi est-ce avec joie au contraire, que nous avons vu entr'autres , deux hommes accoutumés à traiter de près avec les âmes , et à écouter les battements du cœur des populations, le R. P. Ramière et le docte M. Raulx, curé de Vaucouleurs, nous écrire : Faites une édition populaire de votre livre , à cause des principes et des notions qu'il renferme et qui sont accessibles à tous, sur le droit des Gens et le droit de Guerre.

Nous offrons donc de nouveau ce petit livre au public , et nous lui présentons , avec respect et confiance , la doctrine avec les faits.

Cette deuxième édition est notablement améliorée. Le côté stratégique du récit a gagné. Grâce à de nouveaux renseignements , et aux documents collatéraux qui ont été publiés , la marche de l'Armée de Mac-Mahon est plus clairement et plus complètement décrite ; de même celle des corps allemands. En ce qui regarde les vrais sentiments des peuples, et les procédés de la diplomatie satanique qui les a jetés les uns contre les autres, comme des chiens et des ours dans l'arène d'une ménagerie , il y a des révélations nouvelles , et le jour se fait mieux , en particulier, sur la prétendue unité allemande. Des pièces justificatives, d'une importance réelle et quelquefois d'un piquant intérêt , sont citées au cours de l'ouvrage , ou imprimées *ad calcem.* Enfin, une justice plus entière est rendue à cette élite des officiers et des soldats du Ve corps , laquelle arrêta , durant une heure et demie , une armée de cent mille hommes , et que l'on retrouva encore à Sedan , non pas seulement , comme l'ont répété tous les narrateurs , dans les glacis autour de la ville , mais aussi dans Bazeilles , avec l'infanterie de marine , dont elle partagea les héroïques , hélas ! et inutiles exploits.

Beaumont-en-Argonne , ce 15 Février 1872.

Puisque vous avez bien voulu accepter la dé-
dicace de ce petit livre, laissez-moi espérer que
vous serez indulgente pour l'auteur. S'il l'avait
composé, comme il en a eu l'intention, dans les
premières semaines qui ont suivi la bataille, il
l'eût sans doute mieux écrit. Alors tout n'était
pas consommé, et les malheurs de la France ne
portaient pas encore ce caractère de châtiment
définitif que la suite de nos désastres paraît imprimer sur le front humilié de notre patrie. Il en est
résulté pour moi un deuil intérieur dont le poids

m'accable, et je sens que la liberté de ma plume, sinon celle de mon esprit, en souffrira. Grâce à Dieu, dont la Providence a dirigé mes efforts depuis un temps, vous le savez, Madame, mieux que personne, vers la méditation pure de la justice, et du Droit de la guerre en particulier, les principes que nous avons reconnus et développés, de concert avec Monsieur D. Urquhart, vous-même, Madame, et nos nombreux amis, ces principes ne pâtiront pas dans le récit que j'entreprends. Ils ont en eux-mêmes trop de clarté et d'évidence naturelle, et la justification par le raisonnement nous en est apparue si splendide et si irréfragable, qu'il n'y a nul danger de les voir s'obscurcir dans cet écrit.

Mais l'expression vive et facile, l'énergie et la rapidité du style, où les trouverai-je ? Je ne les ambitionne point par amour-propre d'auteur : vous me rendrez cette justice, vous qui me connaissez. Pourtant je suis forcé d'en regretter l'absence, dans l'intérêt du lecteur. Je sens si bien que, pour faire pénétrer les principes à la propagation desquels j'ai consacré une partie de mon temps et de mes études, il faudrait tout ce qui va me manquer ! Je ressemblerai à mes pauvres blessés aux jours de leur convalescence ; l'allure de ce petit livre sera pénible et lente.

Il me reste une confiance et un espoir : c'est, comme toujours, dans le secours de Dieu. Le Divin Maître peut donner à mes paroles, imprégnées nécessairement de la douleur commune, et à ma pensée, malgré l'ombre du grand deuil répandue sur elle, ce trait de vérité et de force, qui, pour moins scintiller aux yeux de l'esprit, n'en pénètre pas moins sûrement les cœurs.

Plusieurs souriront de cette foi et de cette confiance, aujourd'hui que trop souvent chacun compte sur soi, et sur soi seul, et que l'orgueil de l'esprit est à la hauteur de l'affaissement moral. Mais il vaut mieux qu'ils soient avertis par cette confidence que je vous fais, et qu'ils connaissent par avance la région dans laquelle nous vivons, et qui se peut décrire brièvement en quelques lignes.

Le monde d'aujourd'hui a compté sur lui-même et sur lui seul ; et en même temps il a perdu de vue les traditions lumineuses de justice, et les divins principes du Droit, pour se mettre à la poursuite de certains feux follets qui l'ont égaré, et amené dans ces marais où il se débat, et se débattra longtemps encore, si Dieu n'y pourvoit par un de ces miséricordieux retours qui sont de vrais miracles dans l'ordre de sa Providence. Le monde d'aujourd'hui est sans cesse en quête de systèmes qu'il appelle politiques, de chartes, de constitutions, d'élucubrations de toute espèce, de formules creuses et orgueilleuses tout ensemble, plus obscures, plus inintelligibles et plus décevantes les unes que les autres. Il ignore qu'il n'y a qu'une charte et qu'une constitution qui puisse le sauver, et qu'il lui faut nécessairement et absolument y revenir, sous peine d'agoniser et de mourir. Cette charte, cette constitution, c'est le Décalogue. Il faut qu'il renie tout le reste, et qu'il réétudie le Décalogue, commenté par l'Évangile, et conservé par l'Église. — Voilà ce qui ressortira de ce petit livre, que je suis si heureux de vous dédier.

Le récit de la bataille de Beaumont , tel que j'ai résolu de le faire, mettra, en effet, les principes du Droit des Gens en lumière , en faisant ressortir l'injustice originelle de la guerre présente , comme l'iniquité cruelle qui la continue. *Tu ne tueras pas* injustement. — *Tu ne voleras pas. Tu ne porteras pas de faux témoignage.* D'autre part, il montrera comment la nation française est descendue vers l'abîme où elle paraît sombrer , et d'où notre Sauveur la tirera si elle y consent : l'on verra que les vraies causes de cet abaissement, de cet effondrement d'une nation ont été l'oubli de ces autres préceptes du Décalogue : *Adore le Seigneur ton Dieu.* — *Ne prends pas en vain son nom.* — *Sanctifie son jour ;* et l'oubli du grand commentaire évangélique qui résume la loi mosaïque et les Prophètes : *Tu aimeras le Seigneur ton Dieu avec tout ton cœur, avec toute ton âme, avec tout ton esprit, et de toutes tes forces ; — et ton prochain comme toi-même.* En face de ces

préceptes oubliés, nous verrons constamment,
dans ce récit, les idoles imaginaires qui en ont
pris la place dans les esprits modernes, les faus-
ses et vagues lueurs que je désigne, comme elles
se désignent elles-mêmes, sous le nom de Principes de 89, de Civilisation et de Progrès.

Pourquoi, me direz-vous, choisir la *Bataille
de Beaumont*, qui ne fut qu'un épisode et comme
un incident de cette guerre ? N'auriez-vous point
atteint votre but en racontant la bataille de Sedan,
par exemple ? Et ne l'auriez-vous pas atteint plus
sûrement, à cause du douloureux et universel
intérêt qui se rattache à ce grand désastre ?

A cela je réponds que je n'ai pas eu le choix.
La bataille de Beaumont, je la connais, je l'ai
vue ; j'ai assisté aux préliminaires et aux suites.
J'ai pour règle, vous le savez, de ne parler et de
n'écrire que de ce que je sais, et je ne suis jamais
aussi heureux que quand je marche sur un terrain à moi connu.

Nos fautes et nos vices, je les ai vus, je les ai
touchés de mes mains, à Beaumont ; et j'en puis
parler avec cette sûreté que donne la vue des

choses que l'on raconte. Il n'en est pas de même pour moi de Sedan ; il m'eût fallu m'en rapporter à autrui ; le témoin oculaire est toujours plus sûr de lui-même que le témoin auriculaire, et il porte mieux la conviction chez les juges ou les auditeurs.

Ensuite, la bataille de Beaumont est un incident, un épisode de la guerre, si l'on veut ; mais il causa vraiment le désastre de Sedan ; et il le produisit comme la cause prochaine produit son effet immédiat. Si Sedan fut l'abîme, Beaumont fut la porte de l'abîme. C'est ce qui ressortira d'ailleurs de mon récit. Metz est venu depuis ; mais Metz est vraiment aussi cet abîme qui fut appelé par un autre abîme, comme tous les autres abîmes où nous descendrons, jusqu'à ce que la seule main de Dieu nous en retire.

Enfin, je suis heureux, dans nos malheurs, de raconter Beaumont plutôt que Sedan, et de continuer à témoigner une respectueuse sympathie à tant de vaillants officiers et soldats, que j'ai vus souffrir ou mourir, victimes de cette terrible guerre, et qui furent mes paroissiens de quelques jours. Je me sens uni à eux par un lien douloureux et doux tout à la fois. J'ai vu les souffrances de tous, leur foi, si vive chez un grand nombre, leur courage et leur patriotisme. Tout en racontant nos hontes et nos désastres, j'aurai donc cette consolation de constater aussi les précieux éléments qui restent en France pour réédifier l'avenir. Puisse le souffle de Dieu les coordonner, les réorganiser, les multiplier bientôt, et nous rendre ainsi ce que nous attendons de sa miséricordieuse Providence : une France qui cesse d'être le scandale ou la risée, ou l'objet de la pitié de l'Europe et du monde ; une France qui retrouve ainsi son passé dans l'avenir ; une France qui n'ait plus la prétention d'être vivante depuis 89 seulement, c'est-à-dire d'être morte alors, et depuis ; une France fidèle à son Dieu, à sa religion, à l'Église romaine sa mère ; une France vivant selon la charte du Sinaï, illuminée par l'Évangile.

Beaumont-en-Argonne, ce 4 novembre 1870.

PREMIÈRE LETTRE.

Les Hulans. — Les éclaireurs français. — L'infanterie de
marine. — Un soldat breton. — Force et courage. — *Nous
allons en décrocher un.* — Un premier coup de feu. —
Mes impressions sur les idées et les pratiques modernes en
matière de guerre. — Un soldat malade et un médecin
polonais. — Réflexions d'un capitaine parisien sur la
discipline.

—

Madame,

Le dimanche 28 août, quelques minutes avant
huit heures du matin, les personnes qui assistaient
à la première messe dans l'église de Beaumont-en-
Argonne, entendirent au dehors une clameur
étrange, formée de cent cris à la fois perçants et
étouffés, exprimant la détresse qui appelle le
secours, et la crainte qui voudrait se cacher et se
taire. — Six hulans, débouchant par la route de
Stenay, venaient d'entrer dans le bourg, la cara-
bine au poing. Ils le traversèrent au galop de

leurs chevaux, allèrent en hâte en inspecter les abords sur la route de Mouzon et du Chesne-Populeux, et revinrent. Un d'entre eux descendit de cheval, entra au bureau de tabac, et paya ses cigares ; deux autres se firent servir un verre d'eau-de-vie qu'ils payèrent de même, à l'auberge de Beauregard , située à l'entrée du bourg , vers Stenay. Entretemps , un autre inspectait minutieusement les vestiges laissés par deux régiments de cavalerie et un régiment d'artillerie, qui étaient venus, la veille, sous la conduite du général Margueritte, pousser une reconnaissance à Beaumont. — Tout cela dura environ dix minutes.

L'heure à laquelle ils étaient entrés dans le bourg n'avait point été prise au hasard. Un quart d'heure auparavant, deux officiers français, détachés de l'armée de Mac-Mahon, campée vers Stonne et la Besace, à sept kilomètres de Beaumont, étaient venus chez le maire. Ils se trouvaient dans sa maison tandis que les hulans, qui les avaient sans doute aperçus, parcouraient le bourg. Après le départ des éclaireurs prussiens, les deux officiers, qui avaient d'abord eu l'intention de revêtir des habits civils , repartirent en uniforme , mais dans une voiture couverte , pour rejoindre leur campement.

La population , après s'être un peu remise de

l'effroi du premier moment , avait examiné les hulans, et sans cesser de s'inquiéter du voisinage de l'ennemi qu'elle savait si près d'elle, faisait ses réflexions sur les cavaliers allemands. Unanimement, on admirait leur tenue fière et hardie , et l'on était surpris et désenchanté tout à la fois de leur bonne mine et de la propreté de leurs vêtements , comme de la vigueur de leurs chevaux. Les journaux officiels français n'avaient cessé d'imprimer depuis quinze jours , que les Prussiens étaient malades, abattus et déguenillés. — Les journaux mentaient , péché d'habitude. Et pourtant il est écrit : *Tu ne diras pas de faux témoignage.*

Vers onze heures , quatre officiers , dont un colonel avec son ordonnance, descendaient de nouveau chez le maire. Peu de temps après , un capitaine de lanciers , venu seul , s'y rendit de même. Celui-ci fut accosté, en ma présence, par un habitant du bourg qui lui demanda s'il n'était pas un Prussien, et ne le laissa qu'après s'être convaincu que le capitaine était français. L'officier répondait avec politesse et bienveillance.

A peine les six étaient-ils chez le maire, depuis un quart d'heure, que les hulans reparurent dans le bourg, le parcourant de nouveau en tous sens, cette fois plus lentement que le matin. Je me rendis chez le maire.

Les officiers français songeaient à renvoyer l'ordonnance à l'État-Major pour faire part de leur situation : ils se regardaient comme bloqués par les six hulans. Offrant d'indiquer un chemin par lequel l'ordonnance éviterait la rencontre des hulans et pourrait retourner au camp, je sortis avec lui. Au moment de s'engager dans une rue qui lui faisait face, l'ordonnance hésita, et prit à droite. Je continuai mon chemin vers le presbytère, en tournant le dos à l'ordonnance. Je n'avais pas fait vingt pas, lorsque je me rencontrai avec le chef des hulans : sa figure distinguée et le long pistolet doré qu'il tenait au poing, révélaient un officier. En passant auprès de lui, je le regardai assez fixement. Il tourna un peu la tête, je fis de même. Cette inspection mutuelle, qui dura quelques secondes, sauva l'ordonnance, à qui dans le même instant on ouvrait, à trente mètres de là, une grange où il entra avec son cheval sans être vu du hulan.

Je retournai chez le maire, quelque peu peiné de l'hésitation de l'ordonnance, et commençant à me sentir ému de l'attitude des cinq officiers français, réunis, montés, armés qui me paraissaient craindre six hulans parcourant isolément le bourg. Introduit auprès d'eux, dans un petit cabinet très-retiré, je leur dis, en comprimant mon émotion : Messieurs, vous êtes cinq, et ils sont six qui se promènent isolément dans Beaumont. On me répondit d'abord par le silence.

Au même instant, quelqu'un vint dire que les hulans étaient encore une fois repartis. Alors le colonel ouvrit l'avis d'aller ensemble se renfermer dans l'hôtel de ville , et de les y attendre, pour faire feu sur eux, s'ils revenaient encore. Quelqu'un fit objection à ce projet, et il n'y fut pas donné suite.

Environ une demi-heure après, on signala à un kilomètre, entre la route du Chesne-Populeux et celle de Buzancy, une forte colonne française en vue de Beaumont. Elle venait par le chemin d'Oches. C'était l'infanterie de marine. Elle fit son entrée à Beaumont , au nombre de douze mille hommes, à deux heures après-midi. Grande fut la joie de mes paroissiens.

L'infanterie de marine, qui devait se signaler, noble exception , à la bataille de Sedan , et y prouver , en se sacrifiant presque tout entière , qu'on avait eu tort de suspecter ou sa bravoure ou son savoir faire, fut tenue sous les armes, sur la grande place du bourg , durant près de deux heures. Cette troupe n'avait pas l'extérieur des fiers hulans, montés sur leurs luisants coursiers, couverts de leurs longs manteaux *en bon drap, et si propres !* disaient les habitants de Beaumont. Les hommes de l'infanterie de marine sont généralement petits de taille, et ce jour-là ils avaient campé et marché sous la pluie, qui n'avait guère cessé de tomber depuis le soir précédent. Leurs vêtements étaient tout boueux , la marche de beaucoup d'entr'eux trahissait la fatigue. Mais ces petits hommes fatigués, crottés, sortaient en grand nombre de ces parties du sol français qui ont conservé la foi , la foi simple et forte, et la conscience aussi. Plût à Dieu que toute l'armée française, petits et grands, leur eût ressemblé!

Ils étaient commandés par le général Martin des Paillières , un homme magnifique, et dont j'ai entendu quelques paroles. Le général Le Brun , qui venait d'arriver aussi à Beaumont , avec la cavalerie, demanda à M. des Paillières : Comment êtes-vous ici ? — C'est bien simple, répondit-il, on m'a dit de venir camper vers Beaumont. Je suis venu si près, que m'y voilà ; et j'y reste.

Tandis que l'infanterie de marine était en armes sur la place , sous la pluie , provoquant l'intérêt et un peu aussi la compassion des habitants du bourg, plusieurs songèrent à leur apporter du vin. Je demandai à l'officier qui était le plus près de la porte du presbytère , s'il m'était permis d'en distribuer quelques bouteilles à son peloton. C'était un jeune lieutenant : il refusa, ajoutant certaines paroles que je trouvai dures pour ses hommes. Quelques instants après , le peloton voisin recevait du vin et le buvait. Je réitérai ma demande au lieutenant , qui refusa encore, alléguant les règlements, et je ne sais quel inconvénient, ajoutant qu'on avait tort d'autoriser une distribution de vin dans l'autre peloton. Ses soldats, qui voyaient boire leurs camarades à quatre pas d'eux, entendaient leur officier sans paraître s'émouvoir : pour moi je trouvais le lieutenant un peu juif, un peu pharisien dans l'interprétation des règlements et leur application à des hommes morfondus depuis dix-huit heures sous la pluie : *littera occidit.*

Le chef de bataillon n'était pas loin, fatigué, et presque couché sur son cheval. Il se rapprocha du presbytère. Je le saluai : c'était un homme un peu vieilli avant l'âge, et qui avait passé sa vie militaire sur mer et aux colonies. Je lui renouvelai la demande que j'avais faite au lieutenant ; et l'affaire finit par s'arranger.

Il y avait plus d'une heure que l'infanterie de marine était au port d'armes sur la grande place de Beaumont, lorsqu'un habitant du pays eut la pensée d'aller voir ce qu'étaient devenus les hulans. Il revint disant qu'on en voyait toujours un, immobile sur la route de Stenay, à moins de trois cents mètres de Beauregard. Bientôt j'entendis un officier dire : Nous allons le *décrocher.*

Ce mot me révolta. La guerre, quand elle n'est pas un assassinat en masse, c'est-à-dire

quand elle est juste, n'est pas autre chose qu'une
exécution à mort après sentence régulière et
dûment motivée. Ceux qui sont chargés d'exécuter cette terrible sentence, ne doivent pas le
faire sans dignité, sans respect d'eux-mêmes.
Tolèrerait-on un bourreau qui plaisanterait plus
ou moins finement, ou plus ou moins grossière-
ment, en présence de la foule, sur le criminel
qu'il exécute ?

Tout à coup j'entendis la fusillade. Je m'em-
pressai de courir, à la pensée qu'il y avait peut-
être là des blessés, et qu'il y aurait lieu de leur
administrer les secours de la religion. J'étais
très-impressionné : c'était la première fois que
j'entendais de mes oreilles ce bruit meurtrier de
la guerre ; la guerre, cette gigantesque déro-
gation au cinquième précepte du décalogue :
« Tu ne tueras point ! » Chemin faisant, toutes
mes études sur le Droit des Gens, et de la
guerre en général, mes appréciations sur la guerre
présente en particulier, que j'avais trouvée si
illégale dans la forme, et si peu justifiée au fond ;
le sang versé que j'allais sans doute voir pour
la première fois, la compassion naturelle pour
un homme mourant par obéissance, et par obéissance aveugle ; — les peuples nourris dans des
sentiments de jalousie et de haine, *d'orgueil national*, chose atroce, que des plumes impures ont

mais après moins de deux minutes, je vis que son libéralisme se réduisait à cette maxime : qu'il ne faut pas tuer les hommes pour leur faire accepter la vraie religion ; en quoi nous nous trouvâmes d'accord.

Mes deux officiers étaient de retour, et nous étions à peine à table, qu'on vint me dire qu'un soldat me demandait. C'était un jeune breton de vingt-deux ans, qui savait à peine assez de français pour se faire comprendre, et me pria d'écrire à sa famille, attendu qu'il ne savait ni lire ni écrire. Puis il me dit qu'il *s'ennuyait*. Il était pris de la nostalgie, cette maladie du cœur, si fréquente chez les soldats de son pays, qui, ailleurs que sur le sol natal, région de foi et de coutumes, pareils à des plantes exotiques, pâlissent et languissent au souffle des vents étrangers. En causant avec lui, j'appris qu'il n'avait pas mangé depuis deux jours. Je l'engageai à souper : il refusa, et me pria de le confesser. Quand ce fut fait, je le pressai de nouveau , en lui disant : « Cher ami, vous voulez certainement remplir votre devoir de soldat : Il faut manger, ou bien le *courage* vous manquera. » Cet enfant de la Bretagne, cet *ignorant*, me donna sur le champ une leçon de langage. « Le.courage, me dit-il, monsieur le recteur, soyez tranquille, il ne manque jamais. » — « Mais des forces, repris-je, tout ému et sentant les larmes me monter aux yeux, vous n'en aurez pas ; et le courage, sans les forces, ne suffit pas sur le champ de bataille.» J'obtins enfin de lui qu'il prît un bouillon ; mais il refusa pain et vin. Il avait la figure plus calme en sortant ; et moi, je bénissais Dieu, et j'espérais pour la France.

En rejoignant mes trois convives, je leur dis la raison de mon absence prolongée ; je remarquai que le capitaine adjudant-major paraissait ému : il parla peu durant la soirée.

Peu après , on m'appela de nouveau. C'était M. Couty, architecte, mon excellent paroissien, qui nous a fait deux cartes pour aider à l'intelligence de ce récit. « Un pauvre soldat malade, me dit-il , s'est réfugié dans l'écurie de Pierre Didier, mon beau-frère. Il n'en veut pas sortir ; peut-être est-il en danger de mourir. Il s'est couché sur la paille, et on l'entend se plaindre de la poitrine ; ne pourrait-on le soigner ? »

Faisant de nouveau mes excuses à mes convives , je me disposais à les quitter , lorsque le Polonais me dit vivement : « Monsieur le curé , je vous accompagnerai, n'est-ce pas ? C'est aussi mon devoir d'aller vers les soldats malades. » Nous partîmes ensemble. Arrivés dans l'écurie, le Polonais prit les devants, passa par-dessus une vache au fond de l'étable où était l'infirme, et, se penchant sur lui , lui adressa la parole avec un accent de compassion vraie ; puis , instruit de la cause de son malaise , il l'emmena, ou plutôt le porta par-dessus la vache qui , caressée elle-même, inclina le cou. « C'est une pleurésie qui commence, me dit-il. La fatigue et le froid en sont la cause. Nous le soignerons, et Dieu le guérira. »

En même temps , il prit un bras du malade , me laissa l'autre, et nous le conduisîmes à la salle d'ambulance des Sœurs , dans laquelle on avait préparé douze lits à toute éventualité. Hélas ! trois jours après, cinq mille n'auraient pas suffi.

En voyant faire le Polonais durant le trajet, en l'entendant encourager le malade, je songeais à la mère du pauvre soldat, et à la Pologne. Pauvre mère, me disais-je, tu ignores où est ton fils, ce qu'il devient ; et combien pleurent comme toi ! Que de larmes et d'angoisses pour ces milliers d'absents , dont la vie est si douloureusement incertaine ! — Quelle cause ne faut-il pas pour déclarer la guerre ? Et quel crime horrible doit avoir commis un peuple, pour qu'un autre peuple lui inflige cette pénalité qui brise le cœur de tant d'innocents ! Car elles sont innocentes, ces mères, du moins en ce sens que nulle part le vote 'des femmes ne compte dans le gouvernement des nations. Cependant, sont-elles toutes entièrement sans reproche ? Ont-elles inculqué à leurs fils , aujourd'hui devenus chair à canon, le *respect,* le respect de l'homme et de la vie humaine, l'horreur de l'injuste effusion du sang, et de ces guerres iniques, qui ne sont possibles à des gouvernements athées et infidèles, qu'avec la complicité des peuples ignorants?

Et en songeant à la Pologne : Non, mon Dieu, cette nation qui a gardé la foi et la charité, n'a pas péri pour toujours. Vous la ressusciterez, à l'heure marquée dans vos justes et miséricordieux décrets. — Et allant plus loin , j'ajoutais : Pourquoi demander à Dieu la résurrection de la Pologne ? La Pologne est vivante ; elle vit dans ses enfants éprouvés , dans ceux du moins que le siècle n'a pas empoisonnés. L'exil et la souffrance les exemptent de bien des tentations , les préservent de bien des vices, conservent et développent en eux les germes divins. Ils sont dévoués, ils sont croyants ; ils espèrent dans les destinées éternelles ; et en attendant ils ont la patrie de saint Jean Chrysostôme : Vous voulez m'exiler, que m'importe ? Toute la terre est au Seigneur ; et ma vraie patrie est ailleurs qu'ici-bas.

Vers neuf heures du soir, nos officiers me quittèrent pour rejoindre leurs soldats campés. Le capitaine adjudant-major me prit à part et me dit : Monsieur le curé, les moments sont sérieux ;

j'ai besoin d'une absolution. J'ai trente ans, et il y a douze ans que je néglige l'état de grâce. —Laissons, lui dis-je, aller en avant votre commandant, et notre cher Polonais, si catholique, à qui je vais dire un mot tout bas, et j'entendrai votre confession en vous accompagnant vers vos campements. — Oh ! me dit-il, je n'en veux point faire mystère. D'ailleurs, je connais mon commandant ; il a longtemps séjourné aux colonies ; mais la foi ne se perd pas comme on pourrait le croire ; et si demain nous pouvions nous retrouver ensemble, lui aussi accomplirait son devoir.

J'accompagnai le capitaine jusqu'au camp ; il m'offrit le mot de passe, que je refusai, et me fit reconnaître des sentinelles en leur disant . « C'est le curé du Bourg. » Plusieurs soldats s'approchèrent de moi, et longtemps encore, ce soir et le matin suivant, j'eus la consolation d'administrer le Sacrement de Pénitence à ces hommes vaillants et fidèles, qui envisageaient avec réflexion et vigueur d'âme le lendemain, comme pouvant être le dernier jour de leur vie.

Cependant, à mon retour, j'éprouvai quelque surprise en voyant un assez grand nombre de soldats frapper aux portes pour demander du pain, et d'autres parcourir les rues la nuit en chantant et en criant.

Le jour suivant , en sortant de l'église , vers huit heures du matin, je fus accosté par un officier : c'était un parisien. Lorsque nous eûmes échangé quelques paroles sur l'armée française et la situation, il me dit, avec cette netteté d'intelligence et cette vivacité d'expression qui caractérisent l'enfant de Paris : « Cela va mal , Monsieur le curé ; voilà vingt ans que je suis dans l'armée et je vous le dis : cela va mal. La discipline est perdue ; nous sommes mal conduits. Vous avez pu constater hier soir et cette nuit le peu de soin qu'on se donne pour nourrir le soldat, et maintenir le bon ordre ; et pourtant l'infanterie de marine est le corps le mieux discipliné. Cela va mal ; en voici une autre preuve. Il est conforme aux usages militaires de changer chaque jour les compagnies d'arrière-garde, à cause de la fatigue que cette corvée entraîne pour les hommes. En effet, l'arrière-garde arrive, mange et dort la dernière et est réveillée la première. Cette nuit, par exemple, mes hommes n'ont soupé qu'à minuit, moi à une heure, et ce matin, avant quatre heures , il fallait être debout. Eh bien ; voilà quatre jours de suite que ma compagnie est d'arrière-garde. J'en ai fait l'observation à mon colonel, non pas pour moi, j'en ai vu bien d'autres depuis vingt ans , mais pour mes hommes , qui sont éreintés , et j'ai acquis la certitude qu'on nous laisse d'arrière-garde quatre jours de suite, uniquement pour ne se donner pas la peine de prendre, ou de donner un ordre à l'État-Major.

— Je ne désespère pas de l'issue de la lutte ; mais je suis loin d'avoir confiance. »

Cette lettre est bien longue, Madame, d'autant plus qu'elle renferme peu de faits saillants. Aussi je la clos en hâte ; celle que je vous écrirai prochainement vous dira la veille du grand jour, et ressemblera bien encore un peu à la première ; toutefois, il y aura déjà du sang !

DEUXIÈME LETTRE.

—

MADAME,

Dès le matin du **29** août, une partie des troupes campées depuis la veille autour de Beaumont
nous avaient quittés, et s'étaient dirigées sur Mouzon. Les bourgeois les voyaient partir avec tristesse : ils ne comprenaient pas qu'on les abandon-
nât à la merci des Prussiens, qu'on savait être
tout près de nous. Ces braves gens n'entendaient
la guerre que selon le mode antique et naturel ,
d'après lequel la guerre consistait à défendre
pied à pied chaque partie du sol envahi.

« On nous laissera du moins quelques soldats, disaient-ils, pour nous protéger contre les hulans, qui reviendront en plus grand nombre nous piller, comme ils font partout. »

De midi à deux heures, ce fut bien autre chose, lorsqu'on entendit retentir le canon à moins de six kilomètres, et qu'on vit en même temps le reste des troupes françaises, artillerie et cavalerie, quitter Beaumont, et, tournant le dos au lieu où retentissait la canonnade, prendre aussi la route de Mouzon.

Un combat s'était en effet engagé, vers midi, au-dessus de l'antique abbaye de Belval-en-Argonne, sur le territoire des villages de Bois-des-Dames, Nouart et Tailly, entre le corps du général de Failly et un corps de l'armée prussienne.

Je ne vous décrirai pas ce combat, Madame; en langage militaire, ce ne fut qu'une escarmouche. Il ne resta sur la terre que onze à douze cents cadavres, dont mille Prussiens, au témoignage des paysans de la contrée.

Or, qu'est-ce que onze ou douze cents morts d'hommes, onze ou douze cents familles en deuil ! — Ce n'est rien ou bien peu de chose, n'est-ce pas, Madame, surtout quand on a des armées d'un demi-million et d'un million d'hommes, que l'on rue à plaisir les uns contre les autres ?

Malgré le calme que j'ai résolu d'apporter dans ce récit, je vous avoue ici que l'ironie me semble par trop insuffisante. C'est la colère et la sainte colère, c'est l'indignation sacrée qui devrait tonner ici. L'ironie n'est souvent qu'une colère puérile. Oui, avec la *civilisation*, avec le siècle du *progrès*, on en est venu aux armées permanentes, nombreuses comme les étoiles du ciel et les grains de sable du rivage des mers, pour assurer le règne de la *fraternité* des nations entre elles et des citoyens entre eux. Et la presse idiote, et l'infâme journalisme, apôtres de Satan, ont célébré la Russie et la Prusse, ont proclamé le libéralisme des czars et encensé *l'idée de l'hégémonie* prussienne ! Imbéciles ; ils ne s'en souviennent même pas ; et ils ne se sont pas aperçus que la Russie et la Prusse intronisaient les premières cette organisation de la *fraternité* sous le couvert du *progrès*, du *libéralisme* et de la *civilisation moderne*.

Si je ne décris pas le combat de Bois-des-Dames, ou de Nouart, comme l'appellent les Prussiens, il importe, en revanche, que je revienne sur mes pas, et que je vous décrive la marche et la position de l'armée française, pour mieux vous expliquer la marche et la situation du corps du général de Failly engagé à Belval-Bois-des-Dames, et auquel fut livrée la bataille de Beaumont.

Dans la soirée du lundi 22 août, un ordre du Maréchal faisait connaître à toute l'armée qu'elle allait « se porter sur Montmédy. »

Le mardi 23, le quartier-général était parti de Reims, et le soir, les quatre corps campaient sur les territoires de Dontrien (VIIe, général Douai) ; Bethniville (Ier, général Ducrot) ; Pontfaverger (Ve, de Failly), et Heutrégiville (XIIe, Lebrun). L'armée entière occupait ainsi un espace de quinze kilomètres, sur les bords de la petite rivière de Suippes.

Le lendemain 24, on dit que les vivres menaçaient déjà de faire défaut. Cependant, le ministère de Paris savait et voulait la marche de Mac-Mahon sur Montmédy, puisque lui-même avait ordonné ce mouvement. Cependant, l'armée se trouvait sur un territoire encore entièrement vierge de l'invasion, et *vivre* le plus possible *sur le pays* était sa maxime et sa pratique, comme nous l'avons expérimenté.

Donc, le 24, le lendemain du départ de Reims, le quartier-général remonte vers le nord, le long de la ligne ferrée, va gîter à Rethel, où il reste encore le jour suivant, avec les XIIe et Ve corps; si ce n'est que ce dernier fit deux lieues le 25, et vint camper à Amagne.

Pendant ces deux jours, le reste de l'armée, VIIe et Ier corps, s'avançait à petites étapes un peu au-dessous , par Semide et Juniville , vers Attigny et Vouziers. Le temps était beau, les distances courtes , a dit depuis le général Ducrot.

Le 26, la brigade Bordas du VIIe corps pousse avec deux batteries jusqu'à Grandpré, et le général Ducrot se rend à Semuy et Voncq. En même temps, le quartier-général, avec le XIIe et le Ve corps, prononce son mouvement de retour vers le midi. Ils viennent camper à Tourteron, au Chesne-Populeux, Neuville et Chatillon-sur-Bar. L'armée tout entière avait pivoté sur sa droite.

L'armée française avait ainsi parcouru, en tenant compte des détours, vingt lieues anciennes en six jours.

Je dis vingt lieues anciennes, Madame, au compte de nos pères, qui savaient marcher et chevaucher. Pour eux, une lieue était une heure de chemin ; une heure de chemin faisait bien six kilomètres d'aujourd'hui ; et les hommes parcouraient au besoin douze ou quinze de ces lieues-là en un jour. C'était du temps où il n'y avait ni vapeur, ni railway, ni progrès, ni principes de 89.

L'an 1118, le dimanche 26 octobre, le pape Callixte II, menacé d'être pris traîtreusement comme son prédécesseur Pascal II, par l'empereur allemand Henri V, venu près de Mouzon avec 30,000 hommes, sous prétexte de conférer avec lui, monta à cheval à Beaumont avant le jour, accompagné de quelques évêques et prêtres qui formaient toute sa suite. Le même jour avant midi, il arrivait à Reims, assez à temps pour célébrer la messe pontificale au Concile qui s'y tenait, sacrer Frédéric évêque élu de Liége, et donner sa première audience à saint Norbert, alors en travail pour enfanter l'Ordre de Prémontré. Callixte II avait fait les vingt lieues dans une matinée et à jeun.

L'an 1870, le samedi 27 août, l'empereur Napoléon III avait quitté Tourteron le matin ; arrivé au Chesne-Populeux , après avoir chevauché l'espace de dix kilomètres, moins de deux lieues d'autrefois, il dut y déjeuner. Il fallut plus de deux heures pour décharger la batterie de cuisine, les provisions de bouche et le vin de Champagne de Sa Majesté. Pendant cette opération , Mac-Mahon était assis sur un banc, dans la principale rue du Chesne-Populeux, une carte du pays à la main, qu'il froissait de temps en temps, qu'il jeta trois fois à terre, disant : « Nous ne connaissons pas ce pays ; nous ne devions pas nous battre par ici. »

Le lendemain, on fit treize kilomètres, et l'on vint à Stonne, où coucha l'empereur.

J'ai entendu le récit de ce qui se passa au Chesne-Populeux, de la bouche de la supérieure des Sœurs de ce bourg ; et lorsqu'elle le racontait en toute simplicité, et non sans tristesse, à l'ambulance de Beaumont, elle ne pensait nullement qu'elle me fournissait un renseignement historique.

Je ne veux point conclure de là, Madame, avec l'auteur d'un libelle fameux, que l'empereur n'avait souci en route que de contenter sa chair flattée, comme, à Sedan, il n'aurait eu souci que de « sauver sa chair alarmée. » A Dieu ne plaise que je scrute méchamment les intentions de personne. Mais vous conviendrez avec moi que le *bien-être*, et la recherche du bien-être, ce *principe de* 89, si souvent prêché par Napoléon et qui était certainement dans ses habitudes publiques et privées, est fort gênant à la guerre, et l'on réussissait mieux du temps de Callixte II et de saint Norbert, à échapper aux Allemands.

Le même jour, c'est-à-dire le samedi, l'avant-garde de l'armée française était à Beaumont. Deux régiments de cavalerie et un d'artillerie, sous la conduite du général Margueritte, y poussaient une reconnaissance. En entrant à Beaumont, le général demandait les journaux ; je lui offris le mien, et causai quelques instants avec lui. — « Où est le maréchal Bazaine, Monsieur le curé ? Vous nous rendriez un grand service si vous pouviez me le dire. — Général, on dit que le Maréchal est vers Montmédy. — *On dit*. Qui dit cela ? — Ce sont des bruits publics. — Mais la source, la source, Monsieur le curé ? — La dernière source à ma connaissance, est le journal officiel du Département. » Le général Margueritte haussa les épaules.

Tout en me faisant trembler, à la pensée que l'une des deux armées françaises ignorait où était l'autre, cette conversation me pénétra d'estime pour le général Margueritte. Il questionnait avec avidité, et cherchait des renseignements positifs. Il était légèrement animé en m'interrogeant, et l'on voyait se manifester chez lui le sentiment, en même temps que l'intelligence. Margueritte est un des rares généraux qui furent blessés à mort à la bataille de Sedan.

En même temps que Margueritte poussait sa reconnaissance à Beaumont, le corps du général de Failly s'était acheminé vers Buzancy. Avant de rebrousser chemin pour retourner camper la nuit vers Chatillon et Belleville, il fut ordonné au général Brahaut, général de la cavalerie, de charger l'ennemi qui se montrait au-dessus de Buzancy. Un engagement d'une demi-heure eut lieu entre Buzancy et Sivry-lè-Buzancy. Deux circonstances me paraissent utiles à relever : les Prussiens avaient quelques canons, qu'ils démasquèrent pendant l'engagement, à la grande surprise de la cavalerie française engagée qui se retira. Les éclaireurs , si l'on en avait envoyé , n'avaient pas vu que la reconnaissance prussienne avait du canon ! Et le général de Failly ignora longtemps qu'il avait, ce jour-là, à un kilomètre devant lui, non pas le corps entier de Goltz, qui était à plusieurs lieues en arrière, au Grand-Cléry, mais environ cinq cents hommes d'avant-garde , qui s'attendaient à être littéralement enlevés.

Buzancy est à quinze kilomètres au midi de Beaumont. Belval est à moitié chemin.

Le soir du dimanche, le corps du général de Failly reparaissait dans les environs de Buzancy pour remonter vers Belval. Ce mouvement avait été exécuté de nuit avec des précautions et des feintes que l'on croyait de nature à le dissimuler aux Prussiens. Seulement les Français oubliaient une chose, et en ignoraient une autre. Ils oubliaient la vigilance des hulans, et ils ne connaissaient par leur propre chemin. En vain ils allumèrent des feux, en partant des environs de Buzancy, pour faire croire qu'ils restaient, et cacher leur mouvement vers Belval : les hulans marchaient à côté d'eux pendant la nuit. Les hulans furent témoins de leur ignorance. A moins de cinq kilomètres de leur campement, les Français n'avaient pas exploré les chemins. Ils s'engagèrent en deçà de Sommauthe dans un bout de route, en voie de réparation, où leur artillerie faillit rester ; tandis qu'il eût été très-facile de lui faire tourner la montagne de Sommauthe, pour atteindre l'extrémité de la vallée du Dieulet vers Belval : but du mouvement commandé par le général de Failly.

Permettez-moi, Madame, une courte digression sur Belval, elle ne nous éloignera de notre sujet qu'en apparence.

Belval est une des premières filles de saint Norbert ; saint Hugues, premier disciple du grand archevêque de Magdebourg, fut le premier abbé de Belval.

Il est écrit du fondateur de l'ordre de Prémontré qu'il ne songeait encore en 1114 « qu'aux choses du monde, à s'amuser, à parvenir aux honneurs et aux richesses. » C'est le vrai portrait de la France, et de l'armée française, en 1870. Quatre ans après, en 1118, le brillant courtisan et parent de l'empereur Henri V s'était défait de ses héritages, de ses rentes sur l'Église (revenus de prieurés et de chanoinies dont il ne remplissait pas les fonctions), de ses habits de soie ; il se contentait d'habits « grotesques et bizarres » , comme les désignaient ses envieux. Il avait aussi changé son esprit aimable, enjoué et agréable au monde, en un esprit « inquiet, ambitieux, entreprenant, qui s'ingérait dans le ministère de l'Évangile sans mission légitime, qui s'érigeait sans autorité en réformateur de la discipline, qui affectait, par les dehors d'une vie pénitente, de renoncer au monde. » Telles sont du moins les accusations portées contre Norbert par les archevêques, évêques et abbés du Concile de Fritzlar, présidé par le légat du Pape.

Or, le fait est que Norbert s'était réformé sincèrement et énergiquement, et qu'il désirait fort contribuer à la réformation des autres. Lorsque, délivré des persécutions des archevêques, évêques et abbés allemands de Fritzlar, il eut fait approuver son œuvre par deux fois du Vicaire de Jésus-Christ, il apporta la même austérité dans le choix du terrain où il voulut élever son premier monastère. En vain l'évêque de Laon, qui avait ordre du Pape de prêter aide à Norbert, lui montra plusieurs belles solitudes dans la forêt de Thierrache ; ce ne fut qu'au fond de la forêt de Couci qu'il trouva le lieu de son choix.

« C'était un petit vallon, devenu comme un marais flottant par les eaux qui tombaient des montagnes; l'accès en était difficile; les bois épais ; les montagnes et les rochers y laissaient pénétrer à peine la lumière du soleil. »

Ma digression est finie, Madame. Norbert, avant sa conversion, c'est la France de 1870 ; Norbert, après sa conversion, ce sera la France

de l'avenir. Quant au petit vallon qui était Prémontré, c'est aussi Belval, lieu de campement
choisi par le général de Failly pour son corps
d'armée, tandis qu'il logea lui-même dans une
des fermes de l'antique abbaye devenue château.

Tel est, en effet, Belval, assaini sans doute
dans le cours des siècles et fort embelli par son
propriétaire actuel, mais toujours dans les
mêmes conditions climatériques qui le caracté-
risaient au temps de saint Norbert. Aussi les
soldats qui campaient dans le vallon voisin, au
pied des montagnes, enfonçaient dans le sol,
mouillé encore par deux jours de pluie. Toutefois le lendemain de bonne heure, le corps d'armée se mit en marche ; il y avait un kilomètre
à faire pour atteindre la position désignée. On se
trompa de route, et l'on dut revenir sur ses pas,
avec l'artillerie, qui rétrograda dans un chemin
bourbeux. Enfin, on prit position vers midi, et
le combat de Bois-des-Dames commença.

Me voici revenu à mon point de départ.

La Mairie de Beaumont avait été avertie que
le quartier-général et l'Empereur seraient à
Beaumont le lundi soir avec le XIIe corps, pour
se porter le lendemain vers Montmédy par Stenay. Pendant l'escarmouche de Bois-des-Dames,
ce plan fut modifié. Le général de Failly, qui
ignorait encore cette modification, envoya de

Bois-des-Dames à Beaumont , demander du secours par une dépêche qui parvint à la Mairie vers trois heures moins un quart. La Mairie expédia immédiatement deux courriers : l'un sur Mouzon, l'autre à Raucourt. Mais un ordre du quartier-général parvenu trop tard , se croisa avec la dépêche du général de Failly ; un officier qui avait vu l'ordre dont il s'agit , nous dit le lendemain dans la matinée : j'ai vu l'ordre adressé au général du Vme corps, et j'y ai lu ceci : Combattre mollement , et se retirer sur Beaumont, puis sur Mouzon.

Vous pouvez maintenant, Madame, vous rendre aisément compte de la marche et de la situation de l'armée française au point où je suis de mon récit. Pendant cette après-midi du 29 août, l'aile droite de l'armée française , qui forme en même temps avant-garde , c'est-à-dire le corps du général de Failly, est à Belval-Bois-des-Dames, où se donne le combat, à six kilomètres de Beaumont. Une partie de l'aile gauche , XIIe corps, l'infanterie de marine, est à Mouzon. Le reste est à la Besace avec le quartier-général, aussi à six kilomètres de Beaumont vers le Nord-Est. Et le centre , l'arrière-garde ou la queue , Ier et VIIe corps , venus l'un de Voncq au Chesne , l'autre de Vouziers à Boult-aux-Bois, marchent dans la direction de l'aile gauche.

Tout à l'heure le quartier-général avec le reste du XIIe corps, suivi du Ier, s'ébranleront, et au lieu de venir à Beaumont ce soir, Mac-Mahon et l'Empereur coucheront à Raucourt, tandis que Ducrot se dirigera vers Remilly, pour se rendre demain matin à Mouzon, où l'Empereur entrera à dix heures et demie. Il ne restera derrière nous à Oches, que le corps de Douai, et des bagages qui se traîneront demain à la queue de l'armée avec l'intention de suivre le corps de Failly replié sur Beaumont, ou de se rendre à Mouzon par Yoncq.

Il arrive, le corps de Failly ; il arrive à Beaumont dès ce soir, il arrive toute la nuit. A sept heures, deux régiments de cavalerie revenus déjà de Raucourt nous l'annoncent. Je vois l'intendant militaire sur la place. Il me demande si l'on pourra trouver des vivres à Beaumont ce soir pour quinze mille hommes. Je lui dis que la population s'est généreusement épuisée de pain et de provisions pour prêter aide et faire fête aux vingt-cinq mille hommes qui ont séjourné à Beaumont depuis la veille. Je m'étonne que nous soyons prévenus si tard. L'intendant m'explique qu'il avait d'abord été entendu que le corps de Failly irait camper ce soir à Beaufort (vers Stenay) ; que les munitions ont été requises et dirigées vers ce village ; mais que tout est changé, et que c'est à Beaumont que le général et son corps d'armée arrivent ce soir. Je lui dis que les Prussiens souperont les munitions de Beaufort, et je me hâte de chercher quelques vivres. Mes paroissiens ne comprenaient plus rien à tout cela. Ils avaient généreusement pourvu en pain, en pommes de terre et viande à la nourriture de vingt mille hommes depuis le jour précédent ; il ne leur semblait pas que cela pût ni dût continuer. Je trouvai néanmoins en peu de temps environ cent cinquante livres de riz. Tous les fours furent allumés, les bonnes ménagères mirent la main à la pâte ; la Mairie travailla jusqu'à deux heures du matin à concentrer et à distribuer les provisions : mais le labeur était bien ingrat, et insuffisant.

Depuis huit heures du soir jusqu'à plus de trois heures du matin, les soldats du corps de Failly arrivèrent ; ils frappèrent toute la nuit à toutes les portes, demandant du pain. C'était quelque chose de triste, et tout le monde avait le cœur serré. On eût dit une armée en déroute, tant ces hommes affamés, et venant sans ordre, faisaient peine à voir et à entendre.

Évidemment, on ne connaissait pas les chemins : les troupes les plus éloignées de Beaumont, durant le combat de ce jour, n'en étaient pas à neuf kilomètres ; le combat avait cessé vers sept heures du soir ; et il y eut des régiments qui arrivèrent à quatre heures du matin.

A neuf heures du soir se présenta l'abbé Fiart, le vrai type de l'aumônier français : caractère franc et énergique, bon, et aimant le soldat tout entier. Il avait quitté son poste de vicaire auxiliaire un mois auparavant, pour se dévouer au service de l'armée en campagne. Il venait du combat, et il y avait assisté, non de loin ; car il s'était trouvé avec la cavalerie au milieu des balles, dont le sifflement aigu étonnait ses oreilles pour la première fois ; c'était la sixième fois de sa vie qu'il montait un cheval.

A dix heures, un colonel et son adjudant-major entraient au presbytère. Les impressions du lendemain ont été si fortes, que j'ai oublié le nom de ce bon colonel, qui d'ailleurs parla peu, étant très-fatigué. L'adjudant-major était un homme jeune encore, beau, brave, haut de taille, et portant un grand nom : c'était le capitaine Chabot. La conversation fut animée ; on agita, entre autres, la question de savoir si l'on serait attaqué le lendemain ; je tins vivement pour l'affirmative. On parla aussi naturellement du combat du jour ; et deux particularités sont utiles à vous signaler. La première, c'est qu'il n'y avait pas eu d'éclaireurs pour les Français, ou ils avaient mal éclairé ; on était tombé, sans s'en douter, sur une ligne prussienne qui s'était dissimulée derrière un pli de terrain. La seconde, c'est qu'un assez grand nombre de soldats français avaient lâché pied, et s'étaient dérobés dans les bois, au premier moment.

A dix heures et demie, le sous-intendant, M. Demange, vint se joindre à nous ; à minuit, deux autres officiers ; à trois heures du matin, un aide-de-camp, muni, cette fois, d'un billet de logement. Les soldats avaient frappé à la porte toute la nuit, demandant du pain et de l'eau. Nous n'avions plus pour l'aide-de-camp qu'une croûte de pain et le lait destiné au café du matin ; il s'en contenta gracieusement. L'aumônier et moi nous dédoublâmes encore une fois nos lits. L'aide-de-camp coucha sur un canapé qu'un de mes paroissiens avait réfugié chez moi par crainte du pillage, — auprès de l'adjudant-major étendu à terre sur un matelas.

Vers une heure du matin, le général de Failly était entré à Beaumont, par Beauregard, et s'était fait conduire chez le Maire par M. Cugnot, ancien brasseur. Le général paraissait agité ; il se parlait tout haut à lui-même, et mon paroissien l'entendit plusieurs fois répéter ces mots : « Ce n'est pas cela, ce n'est pas cela ; c'est trop près. » — Le général venait de passer auprès des premiers campements de son corps d'armée. Un trait de lumière l'éclairait-il en ce moment ? — Si c'est oui : hélas ! ce ne fut qu'un éclair.

Entré chez le Maire, le général apprit que deux membres de son État-Major s'étaient mis au lit avant de lui avoir fait leur rapport. Il en témoigna hautement son mécontentement et même sa colère, gesticulant et jurant. Les deux officiers supérieurs se levèrent à la hâte.

Les journaux français et étrangers ont imprimé que le général de Failly était descendu au presbytère de Beaumont, et qu'il prenait le café avec moi lorsqu'il fut surpris par le premier coup de canon du lendemain. Il n'en est rien, Madame, et je n'ai pas même vu le général de Failly. Ce que j'ai su de lui, je le tiens de personnes honnêtes et entièrement dignes de foi.

Les aumôniers et les docteurs de la quatrième ambulance de la Croix-Rouge étaient venus, pendant le combat de Bois-des-Dames, installer leur matériel chez les Sœurs de Beaumont. Ils retournèrent au champ de bataille durant la nuit, et ramenèrent les blessés. Le matin, j'en comptais quatre-vingt-treize dans les deux ambulances des Sœurs et de l'école des garçons. Ce fut la première fois que j'eus sous les yeux les victimes toutes chaudes de ce sanglant et trop souvent diabolique sacrifice qui se nomme la guerre. J'y reviendrai.

Le matin, le chirurgien major divisionnaire, M. la Chronicle, un homme de cœur et qui rendit de grands services après la bataille de Beaumont, nous rejoignit au presbytère, où se rendirent de même les PP. Dargand et Nouvelle, revenus épuisés du champ de bataille, et l'abbé Fabre, aumônier officiel dans l'armée, qui fut presque une mère pour les officiers et les soldats blessés qui l'ont connu, et devint mon ami durant ces jours douloureux.

En prenant la petite réfection du matin, je dis au capitaine Chabot : j'ai mal dormi, pour plusieurs raisons, vous le savez ; mais surtout je rêvais que les Prussiens allaient vous surprendre à votre lever. Soyez certain que c'est pour l'heure du déjeûner. Je crois connaître vos adversaires, ajoutais-je. Je les suis depuis le commencement de la campagne. Ils sont actifs, durs à la fatigue, ils ne perdent point le temps. De plus vous êtes tout près du lieu du combat d'hier. Vos premiers campements, que nous apercevons d'ici, n'en sont pas à cinq kilomètres.

Comme vous avez fait de longs détours pour venir de là hier soir, à telle enseigne que votre corps d'armée est arrivé à toutes les heures de la nuit, votre général en chef ne sait pas assez que vous êtes si près des Prussiens, auxquels vous avez eu affaire hier. A votre place, capitaine, j'irais lui parler de cela. Il s'agit ici de l'armée, de la France peut-être, et nous devons tous faire le possible.

M. de Chabot me répondit : Vous vous faites sans doute illusion ·sur l'importance d'un capitaine , fût-il adjudant-major , il n'a pas voix au chapitre ; et l'on aurait à me répondre que je me mêle de choses qui sont hors de ma compétence. Ou, si l'on voulait être poli, on me remercierait de cet air qui voudrait dire la même chose. — Il m'engagea ensuite à aller moi-même trouver le général en chef, disant que j'avais des chances pour être écouté.

J'alléguai des raisons analogues aux siennes, et lui dis que ce serait présomption de ma part, et procédé déplacé, que d'aller raisonner stratégie ou tactique avec des généraux rompus au métier ; car je n'avais que des raisonnements à présenter, appuyés, il est vrai, sur la proximité du champ de bataille de la veille, c'est-à-dire de l'ennemi. Mais comment faire remarquer à un général qu'il a laissé l'ennemi à cinq kilomètres, sans lui montrer qu'on suppose qu'il l'ignore ?

Là dessus, M. de Chabot et moi, et tous ceux à qui je racontai depuis cet incident, nous tombâmes de bon cœur sur le fameux principe de 89 qu'on nomme *l'égalité*. Nous constations très-évidemment que l'égalité n'existe pas, et que ce

principe de 89 n'est qu'un odieux mensonge, mis
en avant pour endormir les gens en bernant leur
amour-propre, et pour leur dissimuler non-seulement les inégalités naturelles et sociales qui ont
existé, existent ou existeront, mais encore les
fiertés et les orgueils iniques, avec les lâchetés
correspondantes, qui ont caractérisé en France
la période *égalitaire* (encore un de leurs mots
barbares). En effet, nous avions la conscience
de cette inégalité, ou de cette différence qui, à
cause du rang, de la science et de l'expérience
présumées, mettait le général en chef au-dessus
de nous. Mais nous n'avions pas moins le sentiment de cette infériorité factice et toute servile
qui en résulte de notre temps. Et la preuve,
c'est que nous étions convaincus qu'un raisonnement de la valeur duquel nous ne doutions en
aucune façon, n'était pas digne des oreilles d'un
État-Major, et perdrait de sa valeur, uniquement-
ment parce qu'il irait de nous à un général en
chef.

J'ai quelque souvenir, Madame, qu'autrefois,
quand on admettait franchement les inégalités
ou les différences des rangs et des fonctions,
encore admise aujourd'hui moins franchement,
mais très-fort, on confondait moins les hommes
avec leurs fonctions et leurs rangs ; il y avait
moins qu'aujourd'hui de morgue d'une part et

de servilisme de l'autre. En 1190 , Philippe-Auguste, roi de France, partant pour la Terre-Sainte, institua un conseil de régence : ce conseil était composé de la reine son épouse , de Guillaume de Champagne son oncle , le fondateur de notre commune et l'auteur de l'admirable *Loy de Beaumont*, et d'un pauvre ermite , qu'on alla chercher au bois de Boulogne , alors assez distant de Paris, et dont l'histoire n'a pas même conservé le nom.

Je crois savoir aussi, Madame, que les Anglais, pourtant si amis des formes hiérarchiques, écoutent parler un homme et apprécient son raisonnement, non d'après son nom ou l'éclat de ses titres, mais d'après ce qu'il vaut.

Puisque j'ai pris à partie, en passant, *l'égalité*, voulez-vous me permettre de corroborer ce que je viens d'en dire en faisant justice devant vous d'un autre terme qui a fait fortune depuis 89 , qui marche de pair avec *l'égalité*, et pour lequel je professe une haine véritable ? Vous y consentirez, j'en suis sûr, car vous aimez la sincérité , la simplicité et la propriété du langage , trois qualités dont ce terme manque. Il s'agit du mot *prestige*. Les égalitaires ont toujours ce mot à la bouche ou sous la plume. Tous les amateurs des fameux principes n'écriront pas plus une page sans y faire entre le mot *prestige*, qu'ils ne l'écriraient sans les mots *progrès* , ou *égalité*. Il leur faut du *prestige* , toujours du *prestige !* Que veulent-ils avec cela ? Ils ne le savent pas au juste, attendu qu'ils n'ont jamais défini le *prestige*, non plus que *Progrès, Civilisation* ou *Égalité*. Au fond, ce mot recouvre encore quelque chose de creux, de factice ; il exprime la vanité orgueilleuse , et il me fait songer au geai paré des plumes du paon. Geai et paon, voilà bien le *moderne !....*

Hélas ! nous l'avons vu , et nous le verrons , tant que nous ne serons pas revenus, simples et humbles, au Décalogue et au Catéchisme.

Mais assez de considérations. Cette lettre s'allonge outre mesure : je m'empresse d'y mettre fin et vous prie d'agréer, avec mes excuses, etc..

9 novembre 1870.

TROISIÈME LETTRE.

Les campements du Ve corps à Beaumont. — La clef de la position au midi. — Comment l'infanterie de marine était campée à Beaumont la veille et l'avant-veille. — Description du Ve corps et des campements le 30 août au matin. — Effectifs réels du Ve corps.

—

Madame,

Je viens de visiter encore une fois le champ de bataille de Beaumont.....

Rien de plus misérable que les campements français. L'armée était, dans la vérité du terme, campée en dépit du bon sens, et comme position, et comme ordre de campement. Si l'on avait voulu renoncer à une victoire facile, et se faire battre, il était impossible de s'y prendre autrement. C'est l'avis de tout le monde ; jetez un coup d'œil sur la carte, et vous le partagerez.

La veille, les camps étaient bien assis. Le général Lebrun ou le général Martin des Paillières n'avaient pas négligé de reconnaître la position à Beaumont, surtout ils en avaient saisi ce qu'on appelle la *clef*, reconnaissable à première vue, m'a dit depuis M. le général Chanzy. Ce sont les collines appelées les Gloriettes, au plateau couronné de garennes : elles courent de l'ouest à l'est sur un espace de quinze cents mètres, depuis Beaumont jusques au-dessus de Létanne, où elles se rompent brusquement et à pic, en présence de la Meuse, qui vient de Pouilly se heurter contre elles, arrêtent subitement le fleuve, le font retourner vers le Nord, et le regardent couler et laver leurs pieds, dans la vallée profonde de soixante à quatre-vingt-dix mètres.

La veille, l'infanterie de marine était campée au revers nord des Gloriettes ; des grand'gardes placées sur les sommets pouvaient scruter du regard l'étroit vallon qui borde au revers opposé la forêt de Beaumont, et donner l'alerte à temps, —à temps pour résister avec succès, même en cas de surprise ! Le général Margueritte avait posé de même ses grand'gardes le samedi, et j'ai vu de plus partir ses reconnaissances vers notre forêt.

Les jours où l'on ne se battit point, toutes les précautions étaient prises ; le jour de la bataille, elles furent toutes négligées !

Longtemps après, je parcourais le champ de

bataille avec un commandant saxon, accompagné de jeunes étudiants-soldats de Hambourg. Il me vint à l'esprit de lui poser cette question : Pourquoi n'avez-vous pas enveloppé le corps de Failly surpris , et ne l'avez-vous pas fait tout entier prisonnier ? Pourquoi votre centre s'est-il avancé si lentement ? Il s'arrêta pour me répondre ; et se tournant vers les côteaux boisés des Gloriettes , il me dit en son français : « C'est que nous craignions une... une *attrape*. Voyez cette position. Un ou deux bataillons avec des canons, aurait pu tenir là quatre ou cinq heures, et nous faire beaucoup de mal. Et les Français pouvaient , dès le commencement de l'affaire , occuper ces petits bois. — Pourquoi, ajouta-t-il m'interrogeant à son tour , ne les ont-ils pas occupés ? »

L'armée prussienne sortit de la forêt de Beaumont par quatre chemins forestiers sur un court espace de quinze cents mètres, et déboucha par un étroit vallon qui n'a pas trois cents mètres de largeur. Si les 70 canons du corps de Failly et ses quinze mille chassepots eussent occupé les collines, nombreuses à plaisir, qui commandent le vallon et surveillent la forêt , — ce qui était élémentaire et facile comme l'a, b, c, — on eût vu le 30 août , une fois dans cette campagne , ce qu'on a vu tant de fois dans l'histoire : une petite armée l'emporter sur une grande, vingt mille hommes en arrêter cent mille.

« Je suis venu reconnaître la position une heure avant la bataille », me disait le capitaine d'artillerie prussien Wermelskirsch, « et choisir l'emplacement de ma batterie ; et j'ai reconnu que le passage était pour nous des plus dangereux ; je n'en avais pas vu de plus hasardeux dans les quatre guerres que j'ai faites. »

« Je dus venir reconnaître les lieux deux heures avant l'attaque, » disait le général saxon Montbé, le soir même de la bataille, à mon confrère de Létanne, « et je tremblai à la vue du danger que nous allions courir. »

Au lieu de commander la vallée, et la Meuse qui coule à un quart d'heure de Beaumont vers l'Est, au lieu de surveiller la forêt, les troupes françaises étaient on ne peut pas consciencieusement dire campées, mais jetées, au midi et au nord de Beaumont ; savoir une division, la division Goze, au bas de pentes et sur des plateaux déprimés et entièrement découverts, avec deux régiments dépareillés d'une autre division, mêlés à la première ; et le reste, autour et de l'autre côté du bourg, au bas des pentes des hauteurs situées vers Mouzon.

Cette disposition avait pour effet de tout changer à l'avantage des Prussiens. Sortis de la forêt

et ayant franchi la vallée, ils se trouvaient domi-
ner les premiers campements français , et pouvaient les écraser et les déborder ; ce qui fut
fait, comme on le verra.

Ne voulait-on pas vaincre , voulait-on se contenter de n'être pas battu et éviter le combat ,
ce jour-là, en se retirant sur Mouzon ? Il suffisait
de camper tout le corps d'armée au nord de
Beaumont ; et si l'on objecte que cela était difficile la nuit précédente , il était facile de le faire
dans la matinée du lendemain. Alors, sans éclaireurs, sans grand'gardes, on eût évité et la défaite
et le combat ; parce que l'armée ennemie était
forcée, en sortant de la forêt, de se découvrir, de
se montrer en pleins champs et sur des collines
cultivées, à une distance de quatre kilomètres ;
et cette avance eût suffi à l'armée de de Failly
pour gagner Mouzon sans accepter la bataille.

J'ai cherché longtemps la raison pour laquelle
on avait campé une partie du corps d'armée au
sud de Beaumont, plutôt que de porter le tout au
nord vers Mouzon. On m'en donna une , que je
soumis à un vaillant colonel , lequel n'était pas
absent du champ de bataille , et y fut blessé. Il
la trouva bonne , et convint qu'il était impossible d'en trouver d'autres, à moins de dire qu'on
avait agi absolument sans raisons. Si tout le
corps d'armée avait campé au-delà de Beau-

mont, l'État-Major et les officiers supérieurs n'eussent pas pu prendre leur logement dans le bourg, y coucher et y déjeûner le lendemain. Car il est contraire à toute règle que l'État-Major forme arrière-garde et s'expose à être enlevé par l'ennemi, comme cela arriverait, s'il était surpris, seul, derrière l'armée.

Il est tout aussi probable que l'on a agi sans raisons. On s'était frappé de *l'idée* qu'il n'y aurait pas de bataille ce jour-là. Le membre de l'État-Major qui indiquait la nuit les lieux de campements aux colonels, leur disait, en arrivant en vue de Beaumont, à quelques centaines de mètres : Cherchez par là, débrouillez-vous comme vous l'entendrez. »

« Nous étions campés en colonnes, parole d'honneur ! » me disait en souriant, quelques jours après la bataille, un jeune officier instruit, spirituel et blessé, M. de Séjourné. Au témoignage d'un autre, le brave lieutenant Palazzi, il y eut un commandant du 61me, qui, ayant la nuit placé sa tente en tête de son bataillon, se trouva, le lendemain matin, au milieu d'un autre régiment, campé devant le sien. L'artillerie et les munitions étaient dans un pli de terrain, au milieu, et presque en arrière de ces tristes campements. Tout était pêle-mêle, munitions et canons ; aucune pièce n'était en position. Et comment auraient-elles pu être postées dans ce pli de terrain , à moins qu'on eût voulu pointer vers le ciel ? La règle qui prescrit d'avoir toujours au moins la moitié des pièces attelées , fut mise de côté comme toutes les autres. Aussi deux seulement de ces canons purent être dégagés, et tirer deux ou trois coups au bout d'une heure ; le reste tomba entre les mains de l'ennemi.

La division Goze était là tout entière , avec ses deux brigades Saurin et Nicolas , et l'on voyait avec le 4e chasseurs à pied d'un côté et le 19e de l'autre, le 11e et le 46e , le 61e et le 86e de ligne ; et mêlés dans les campements de cette division , le 17e , de la division Guyot de l'Espart , brigade de Fontanges, et le 68e , de la brigade Abbatucci. Deux de ces régiments étaient incomplets , quelques compagnies étant restées à Bitche, lors de la bataille de Wœrth. Plus bas, et presque dans Beaumont , campaient le 27e et le 30e de ligne , qui se retirèrent en arrière au commencement de l'action. Au-delà de Beaumont, au nord, et autour du bourg, était le reste du Ve corps , artillerie , génie , 12e et 3e régiment ; cavalerie, 5e chasseurs, 5e lanciers, 5e hussards, 12e chasseurs ; 14e bataillon de chasseurs à pied, 88e et 49e de ligne, formant toute la division Labadie, brigade de Maussion. La brigade Lapasset était restée à Bitche , avec le

3e lanciers et une batterie. — Cette partie de l'armée était dans une position analogue à la première, moins en danger toutefois, parce qu'elle était plus loin de l'ennemi.

Au témoignage de tous les officiers que j'ai consultés, l'effectif des troupes était considérablement réduit. Les régiments avaient perdu en moyenne dix hommes par compagnie, depuis Reims seulement, en malades et surtout en traînards qui se dérobaient en route ; et chaque compagnie ne comptait pas plus de 60 à 70 hommes. Nous avons sous les yeux plusieurs bons de subsistances ramassés sur le champ de bataille, au milieu de mille autres papiers. J'en transcris deux : « 14e bataillon de chasseurs à pied. 5e corps, 2e division. Bon pour *quatre cent quatre-vingt-neuf* rations de riz et sel pour la subsistance du 30 août 1870. Bivouac de la Pierrotterie (Belval), le 29 août 1870. *Le capitaine major.... L'officier de détail....* » — « 49e régiment d'infanterie. Bataillons actifs. Reçu la quantité de *douze cent cinq* rations d'eau-de-vie. Au camp de Belval, le 29 août 1870. *Le capitaine faisant fonction de Major*, (signé) Vanteaux. *Vu : le sous-intendant militaire...* »

Tel était le Ve corps à Beaumont, et tels ses campements dans la matinée du 30 août. Mal posés : les clefs de la position étaient négligées.

Mal agencés : pêle-mêle des divisions et des brigades ; défaut de développement. Mal surveillés et mal gardés : absence d'un grand nombre d'officiers et de soldats , peu ou point de grand'gardes ; pas de reconnaissances. Et l'ennemi, laissé la veille, après combat, à cinq kilomètres !

QUATRIEME LETTRE (*inédite*).

Français, Madame, j'ai à parler de l'armée
prussienne. Il vous semblera que j'aurais pu et

peut-être dû déjà le faire. C'est sans doute un peu malgré moi que j'ai tardé, et parce que je recule, comme d'instinct, le moment où je suis forcé, par respect pour la vérité, de faire l'éloge de nos ennemis. Je m'acquitterai cependant de cette tâche, avec sincérité et liberté, et pour la raison que je viens de dire, et parce que mon intention, en publiant ces lettres, est d'être utile à mon pays, et de le mettre à même de profiter des leçons que lui a données l'Allemagne.

Tandis que les armées de Steinmetz et de Frédéric-Charles retenaient Bazaine sous Metz, le prince héritier de Prusse, après avoir talonné les corps français qui allaient se reformer à Châlons et devenir *l'armée de Mac-Mahon*, continuait sa route vers Paris par la vallée de l'Aube, pour les couper de la capitale, en les précédant, dans le cas où ils eussent voulu s'y rendre. Les autres corps disponibles après la bataille de Saint-Privat, qui fit décidément de Bazaine un reclus plus ou moins volontaire, étaient nombreux. De Moltke s'empressa de les organiser à nouveau, et décida la création d'une *quatrième armée*, bien connue depuis sous le nom d'*armée du prince de Saxe*.

Les narrateurs ont varié l'an dernier sur la composition de cette quatrième armée. Les uns voulaient que les Bavarois en eussent fait partie, les autres non. Les premiers n'ont pas entièrement tort , parce que les Bavarois ont marché alors, sont arrivés et ont opéré à Beaumont et à Sedan , avec la quatrième armée. Les seconds ont un peu raison, parce que, nominalement, les deux corps Bavarois dépendaient du commandement du prince royal de Prusse.

Mais il est facile de les mettre tout à fait d'accord, en disant que le vrai commandant de toute l'armée , et notamment des corps placés à cette époque sous les hauts commandements des princes royaux de Prusse et de Saxe , fut , de fait comme de droit, le général de Moltke. Pour les corps restés devant Metz , le commandement était facile, et il s'exécutait tout seul : ils avaient à maintenir là Bazaine, qui s'y prêtait.

Chez nous , en vertu des absurdités de 89 , nous avons un ministre de la guerre , qui , en qualité de supérieur de tous les généraux, commande en chef toutes les armées, même en campagne, et prescrit souverainement leurs marches et leurs mouvements , fussent-elles aux frontières et à deux cents lieues de Paris, et restât-il, lui, au fond des salons du bâtiment appelé Ministère de la guerre.

N'avons-nous pas vu depuis, un jeune avocat, ignorant complètement les choses militaires , prescrire à d'Aurelles de Paladine, vainqueur , de ne plus bouger , et le même individu , pendant la bataille même de Villarceau, que gagnait le général Chanzy , envoyer une dépêche télégraphique à un certain général Camô , pour l'obliger à se retirer au delà de la Loire , à abandonner Beaugency aux Prussiens qui de vaincus devinrent vainqueurs , à la stupéfaction du général en chef , qui ne s'est pas encore expliqué ce mystère !

De ce *grand* principe absurde , il résultait , dans la circonstance qui nous occupe , que le comte de Palikao, ministre de la guerre , que nous ne songeons pas d'ailleurs à assimiler à Gambetta, avait un but , mais non pas un plan stratégique. Il n'avait pas de plan, et ne pouvait pas en avoir , puisqu'il n'était pas à l'œuvre et se trouvait dans l'impossibilité d'indiquer les moyens d'exécution. Il ne pouvait que dire à Mac-Mahon : Votre objectif, c'est Metz. Il ajoutait : c'est Metz, parce que ce ne peut être Paris. Et il eût pu ajouter : ce ne peut être Paris, parce que , à cause de 89 et du Testament de Pierre-le-Grand, la France est toujours divisée, et se divise surtout au moment du danger suprême.

De Paris , le comte de Palikao était donc réduit à faire ce qu'on appelle, je ne sais pourquoi, *de la politique,* au lieu de faire simplement

4.

de la stratégie ; et il ne pouvait faire de la stratégie lors même qu'il l'eût voulu , du fond de son cabinet.

Bazaine aussi faisait à Metz de la politique, au lieu de tactique ; et s'il livrait des combats , c'était pour « tenir ses soldats en haleine ; » son objectif, à lui, était de « *conserver* » son armée.

Quant au Maréchal Mac-Mahon , l'*objectif* du comte de Palikao nè lui plaisait qu'à demi. Il l'avait pourtant accepté à Reims , puisque son ordre du jour communiqué à l'armée portait : *en marche sur Montmédy*. Mais son génie fut au-dessous de cette grande et difficile tâche , et sa volonté faiblit. De plus, au Chesne-Populeux , il avouait qu'il ne connaissait pas le pays où il opérait ; il demandait, dans la nuit du 28 août , à M. Lamacq , éclaireur volontaire , fils d'un vaillant officier du premier Empire , s'il y avait des ponts et des gués sur la Meuse , entre Stenay, Beaumont et Mouzon, et où ils se trouvaient.

Ainsi le seul des trois qui fût dans l'obligation de faire un plan d'opérations et de l'exécuter, ne le put pas ; et il manqua de cette résolution et de ce coup d'œil qui seuls , par l'à-propos et la rapidité de l'action, sauvent les armées et les peuples dans les situations critiques.

Chez les Prussiens, au contraire, le commandement suprême est entre les mains d'un seul.

Cet unique généralissime dresse un plan unique ,
il donne non-seulement l'ordre d'atteindre tel
but, tel *objectif*, mais seul, il indique les moyens
et règle les grands mouvements ; et placé au
centre des opérations, il en dirige personnellement l'ensemble.

Pour les détails d'exécution, il a déjà sous ses
ordres un bon commandant supérieur, le prince
Fritz ; il trouve que ce n'est point assez pour
faire mouvoir les corps nombreux de sa grande
armée. Il faut la couper en deux pour l'exécution. Il le fait, et crée une *quatrième armée*. Ici,
nous allons voir encore le contraste entre la
France et l'Allemagne.

De quels corps la composera-t-il ? A qui en
confier le commandement supérieur ?

Les chefs des trois premières armées sont
trois prussiens ; les corps qu'ils commandent
sous Metz et sur la route de Paris sont tous prussiens , à l'exception du corps Wurtembergeois ;
mais celui-là n'est qu'un demi-corps, et il est
déjà noyé entre deux pleins corps prussiens, qui
voyagent par la vallée de l'Aube.

L'armée *Allemande* , que j'appelle ainsi non
sans raison par opposition à l'armée *prussienne*,
n'est pas encore représentée dans le commandement. Il est habile de faire cesser cette incon-
venance. Cette armée compte, outre ceux qui

sont encore en Allemagne à cette époque, l'armée de Bavière, qui forme deux corps avec un numérotage à part (Ier et IIe Bavarois) ; l'armée Saxonne, qui porte la désignation de XIIe corps saxon ; et le IVe corps, dit prussien, de formation récente, dont nous dirons tout à l'heure la composition.

Le vieux roi Jean de Saxe s'était pris à pleurer en recevant les adieux des officiers de son sang au moment de leur départ pour cette troisième guerre, destinée, dans les plans habiles de la Prusse, à réduire toute l'Allemagne en servitude. — (L'esclavage militaire est le pire des esclavages.) — Le vieux roi Jean avait donc pleuré, et dit : A la volonté de Dieu ! Comme s'il eût dit : de deux maux, il faut choisir le moindre. Soyons avec la Prusse ; car autrement, elle serait contre nous. — Le fait a été raconté à M. le curé de Mouzon par un officier blessé qui en avait été témoin. L'interprétation est celle d'un grand nombre d'autres, que j'ai entendus moi-même.

D'autre part, d'honorables habitants de Mont-devant-Sassey, où campa le XIIe corps, ont vu pleurer aussi des soldats saxons disant (pardonnez-moi, Madame, de citer textuellement) : *Nous, nichts prussiens. Mac Mahoun, boum ! nous furth ! Nous, assez guerre. Français, amis.*

Ce fut donc un coup de maîtresse politique comme de bonne stratégie, que de donner le commandement supérieur de la quatrième armée au *Crown Prince* de Saxe. Les princes encore jeunes aiment la gloire militaire : il y en avait à recueillir ; et les Saxons aiment la famille de leurs rois. Il ne fallait pas moins pour s'assurer complètement de la coopération des Saxons pendant la guerre.

Quant au IVe corps, il était, je l'ai dit, de formation récente, ne datant que de 1867, après Sadowa ; et l'on y avait fait entrer, en les mêlant avec des Saxons de la province prussienne de Saxe, les Sleswigeois, les Holsteinois, les jeunes hommes des petits duchés de la Thuringe, et d'Anhalt, à qui la Prusse avait fini par faire accroire qu'il serait meilleur pour eux d'être sous la protection du Lion que sous celle du Droit, et qu'il leur importait de se distinguer dans la première guerre où avait l'honneur de figurer pour la première fois *leur* IVe corps. Ils se battaient en effet, pour la première fois, à Beaumont, et ils se sont distingués ! Des mères et des sœurs par milliers ont pleuré et pleureront longtemps. Mais on va les consoler de la perte de leur patrie et de leurs enfants. Les Prussiens veulent ériger, à Beaumont-en-Argonne, un monument à leurs camarades du IVe corps, tombés dans nos champs en l'honneur du roi Guillaume, qui leur a pris leur pays d'abord, et leur vie ensuite. Le terrain est acheté, au point culminant du champ de bataille. Déjà deux dessins du monument ont été faits en Allemagne. Le premier était une réduction du Lion de Waterloo. Nous avons lutté modestement, comme il convient à des vaincus, pour ne l'accepter point. Le second est une pyramide, du haut de laquelle l'aigle de Prusse éployée semble guetter une proie à terre. — L'éviterons-nous ? Je n'en sais rien. Mais il est permis de supposer qu'on fera des photographies du dessin, pour encourager les jeunes frères et les neveux des Sleswigeois, des Hambourgeois, des Thuringiens, des Lubeckois, et des Francfortois, à verser à leur tour leur sang pour le *Vaterland....* de Prusse.

Vous savez, Madame, que je prends à tâche de ne rien dire, et surtout, de rien imprimer qui ne soit conforme à l'exacte vérité, en ce qui concerne la doctrine, et à la réalité, en ce qui regarde les faits. Sachez donc que ce que je viens de dire du IV⁰ corps prussien, est exactement, à la nuance d'appréciation près, le résumé d'une conversation que j'ai eue en mai avec le capitaine du régiment Nᵒ 86, du IV⁰ corps, qui, par les bons soins du Maire de ma commune, a

acquis le terrain destiné au petit Lion de Waterloo, d'abord, à l'aigle ensuite, et maintenant, à
ce qu'il plaira à Dieu.

Ce corps, vraiment, pouvait être donné au
prince de Saxe sans danger : les Allemands dont
il se composait pouvaient n'inspirer que de mé-
diocres inquiétudes.

Mais on ne peut pas prendre trop de précautions.

A ces deux corps, le XIIe saxon et le IVe dit
de Prusse, on joint le corps de la garde de sa
Majesté Guillaume ; le corps prussien par excellence, plus nombreux d'un tiers que les autres ;
et *l'armée du prince de Saxe* est formée.

En outre, de Moltke et le Roi, avec un essaim
de princes allemands, qui forment son État-Major,
sont toujours avec cette armée. Ils ne la quittent
pas, et la Garde est là.

Et les Bavarois ?

Pour parler pertinemment des Bavarois, et se
rendre compte de ce qui s'est passé à leur sujet
dans cette guerre, il est nécessaire de dire un
mot de la question allemande-prussienne.

La voici en deux mots, à l'état de fait observé :
Les Allemands ne sont pas prussiens, et sont loin
de vouloir l'être. — Ils me l'ont dit et répété
cent fois, et très-spontanément. J'ai vu dans ma
maison, des officiers blessés s'indigner, et s'em-

porter dans leurs lits, au risque de compromettre leur pansement, et de rouvrir leurs blessures, parce que, en leur parlant, je paraissais les prendre pour des prussiens.

Chez les soldats, je n'ai pas rencontré d'exceptions. Parmi les officiers, j'ai trouvé quelques disciples d'Hegel, ce prussien, apôtre de l'identité, ou plutôt de la confusion des contraires, que les badauds de France, philosophes et gazetiers, ont tant prôné. Ces disciples d'Hegel, vous le devinez, Madame, ne s'occupaient pas de la philosophie de cet Éole. L'avaient-ils jamais étudiée, et s'en souciaient-ils ? Je n'en sais rien, et j'en doute fort. Je les appelle Hégéliens, parce qu'ils étaient *unitaires*, ou *unitaristes*, et qu'ils disaient assez nettement que l'Allemagne *moderne* ne comportait plus tous ces roitelets et principicules du temps passé, que *l'unité* est bien meilleure, nécessaire même ; et que, l'Allemagne une fois unifiée, ne fera plus de guerre, ni offensive, parce que *le caractère allemand y répugne* (!), ni défensive, parce que personne alors ne se risquera plus à l'attaquer. — L'un de ces officiers, comme il me l'avait dit, en était à sa *quatrième* guerre. Il avait donc fait la guerre *défensive* du Sleswig contre le Danemarck, la guerre *défensive* du Hanovre contre le vieux roi aveugle de ce pays, et la guerre *défensive* de

1866 contre l'Autriche ! je lui en fis la remarque :
il me répondit par des paradoxes hégéliens de
l'air le plus naturel du monde, comme aurait pu
faire Bismarck à Jules Favre, à Ferrière, si Jules
Favre avait eu la pensée de lui parler raison et
justice.

Ces rêveurs, ou ces prôneurs de rêves, sont
très-rares parmi les nombreux officiers allemands
que j'ai rencontrés. Il en est jusqu'à deux que
je pourrais nommer. Encore l'un d'eux était-il
un prussien, officier dans un corps allemand.

Or, de l'aveu de tout le monde, et de leur
propre aveu, les Bavarois sont, de tous les allemands, les moins prussiens. Dans la guerre de
1870, ils étaient suspects de plus de clairvoyance,
et plus susceptibles du sentiment de la justice.
Vous m'avez écrit, l'an dernier, que quatorze
officiers bavarois, estimant que la guerre avait
cessé d'être nécessaire, et par conséquent juste,
devant Paris, avaient préféré se laisser fusiller
plutôt que de continuer à y participer. Ces jours
derniers, un journaliste français racontait, avec
la frivolité qui caractérise le *moderne*, l'histoire
d'un officier bavarois qui fit des efforts extraordinaires pour arriver à se constituer prisonnier,
disant qu'il *ne pouvait* plus, *en conscience*, commander tant *d'assassinats*.

On pourrait contester ces faits ; j'en connais

un dont l'authenticité est certaine , et qui lèvera toute espèce de doute , s'il en reste. Il mérite d'être mentionné , ne fût-ce que pour aider à écrire l'histoire.

Le Courrier du *Ministère des affaires étrangères de Berlin* , du premier septembre 1870 , envoyé au cabinet du Roi en campagne , perdit son sac de dépêches à trois ou quatre lieues de Beaumont. Cette perte fut tellement sensible au quartier-général, que des officiers supérieurs disaient , à Belleville (près la Croix-aux-Bois), qu'on devrait menacer de mettre le feu à tous les villages des environs , si les dépêches n'étaient pas resti-tuées. — Un paysan les avait trouvées , et les apporta à son curé. Celui-ci , qui savait lire l'allemand, fut émerveillé de l'importance de la trouvaille. Il passa la nuit à trier et à étudier le volumineux paquet , et fit ce travail au péril de sa vie. Car les Prussiens occupaient sa paroisse et les alentours ; et un de leurs offi-ciers, qui venait le requérir je ne sais pourquoi, le surprit , sans s'en douter , à onze heures du soir, dans cette dangereuse opération. Le lende-main, il s'entendit avec la Directrice du bureau de poste voisin , née Alsacienne , c'est-à-dire dans ces pays les plus français de la France, et les seuls qu'on nous arrache. Et les précieuses dépêches furent, à travers mille dangers, expé-

diées à Givet , et de là au gouvernement de
Tours. Le curé stipula que les originaux lui
seraient remis après la guerre. Il n'en a plus
entendu parler ; et c'est en vain que, en Octobre
et Novembre , je cherchais dans les journaux
qui nous venaient de Belgique, la publication de
ces importantes pièces. Entre autres choses , le
Ministre des affaires étrangères de Berlin y écrivait au comte Bismarck : « Qu'on ne parle plus
« d'accroissement de territoire au profit de la
« Bavière. (Il en était question alors.) Ce
« peuple est notre ennemi. Rappelez-vous que,
« au début de la guerre , nous n'avons trouvé
« pour nous qu'un seul homme en Bavière : le
« Roi ! »

Ainsi , il était d'une importance majeure de
veiller sur les Bavarois , et de les mettre dans
l'impossibilité de songer à une défection. L'habileté de Bismarck et Moltke ne fut point au-dessous de cette tâche. Non-seulement , ils prirent
des mesures convenables pour parer à l'inconvénient possible, mais ils surent changer l'obstacle
en moyen.

Les Bavarois , tout en faisant nominalemen
partie de la IIIe armée , furent tenus à distance
des corps prussiens placés sous le haut commandement du prince Fritz. Tandis que ceux-ci
s'avançaient par la vallée de l'Aube, les Bavarois

ne dépassèrent pas Bar-le-Duc. En même temps ils étaient sans relations, même de commandement, avec l'armée du prince de Saxe, bien que marchant parallèlement à elle, et tout près d'elle. Ils furent toujours, depuis Wœrth jusqu'à Beaumont et Sedan, sous la main de Moltke, de Bismarck et du Roi. De plus, les deux corps marchaient l'un derrière l'autre, à une journée de distance, le second formant réserve. Enfin le premier fut toujours pour ainsi dire enveloppé par le corps de la Garde du Roi depuis Bar-le-Duc jusqu'à Beaumont.

C'est ainsi que les habiles stratégistes de la Prusse écartèrent tout danger de défection de la part des Bavarois. Mais ils firent plus. Les *Allemands*, et surtout les Bavarois, furent constamment placés en première ligne, et par conséquent forcés de combattre. A Beaumont, ils formaient l'aile gauche. A Sedan, ils eurent ordre d'attaquer les premiers, avant cinq heures du matin, l'infanterie de marine, qui leur fit subir des pertes énormes ; et ils mirent, *par ordre*, le feu aux maisons de Bazeilles.

Il en est résulté que les *alliés* de la Prusse ont surtout payé les frais sanglants de cette guerre qu'ils aimaient si peu, et que les cruautés commises *par ordre*, notamment par les Bavarois, les ont rendus odieux aux Français, et ont fait tomber deux peuples qui s'aimaient auparavant, qui furent conduits l'un contre l'autre en quelque façon malgré eux, dans ce trébuchet des haines nationales, auxquelles tiennent tant les oiseleurs cruels qui pipent les peuples pour satisfaire dans le sang leurs ambitions sauvages.

J'ai logé, il y a un mois à peine, la veille de la Toussaint, un lieutenant d'artillerie bavarois et les soldats du poste. Parmi ceux-ci, se trouvait un canonnier, celui-là même qui mit le feu à la ferme de la Harnoterie, pendant la bataille de Beaumont. Voici en quels termes, essayant de parler français , il me racontait la campagne : « *Nous, toujours battre ; jamais repos. Prussiens, toujours...* — et il décrivait avec son bras le plus grand cercle possible derrière lui. — *Prussiens, après les batailles, venir, repos, manger, boire : Nous, furth ! Toujours marche, toujours battre, nichts retour.* — Et en effet, il venait de Saint-Quentin, et allait, après seize mois de campagne, tenir garnison à Longwy, pour le Roi de Prusse.

Permettez-moi, Madame, d'ajouter un renseignement encore, pour élucider cette question *allemande-prussienne*, sur laquelle les finauds de la politique moderne donnent si effrontément le change, que notre presse accepte comme si elle était payée.

Entre Pâques et Pentecôte, j'ai logé durant plusieurs semaines un officier d'artillerie avec ses deux ordonnances, tous trois du Mecklembourg-Schwérin. L'officier, qui est brasseur, m'apprit que ses impôts sont quintuplés depuis la *confédération du Nord*. Les soldats, deux cultivateurs, me disaient comme tous les autres : « *Nous, pas prussiens.* »

« Vous, prussiens, leur disais-je, et esclaves des Prussiens. » Ils me répondaient en m'expliquant qu'ils conservaient leur duc, leurs lois, leurs usages locaux. — « Mais vous êtes, et serez leurs esclaves pour la guerre. Et l'esclavage militaire c'est le pire des esclavages, et il amène bientôt tous les autres. Les Papes et les Pères de la primitive Église ne conseillaient point aux esclaves domestiques de sortir violemment de leur condition. Mais aux esclaves militaires qui demandaient le baptême, ils disaient : Oui, mais en acceptant le joug du Christ, souvenez-vous de ne pas retourner volontairement à la servitude militaire, qui vous exposerait dans ce temps d'iniquité à devenir homicides, en versant le sang innocent dans des guerres injustes. »

Ces braves gens reconnaissaient qu'ils étaient les serviteurs de la Prusse, surtout depuis *l'Empire* ; et quand la conversation retombait sur ce chapitre, ils devenaient tout pensifs. Le jour de leur départ, ils vinrent me faire leurs adieux ; comme ils retournaient chez eux, ils ne se sentaient plus de joie. C'était un spectacle qui me touchait plus qu'il ne me portait à rire, de voir ces hommes simples, forts, mais un peu lourds, gambader pesamment devant moi. — « Bonne nouvelle ! Nous retournons enfin dans notre pays, » me disaient-ils. — « Votre pays, répliquai-je, n'est plus votre pays. Meklembourg, Prusse ! » — Leur joyeux visage s'assombrit ; ils ressemblaient aux enfants qui passent en un moment du rire aux larmes. Alors l'un des deux, sans plus me répondre que si je n'eusse rien dit, s'adressa à son compagnon. Et il se mit à compter sur ses doigts : *Meklemburg, Wurtemberg, Sachs, Francfort, Hamburg, Baiern, Hanover.* Puis il se leva comme ému par un ressort, et la tristesse fit de nouveau place à la joie, et il frappait dans ses mains, et tous deux disaient : « Allemagne forte, Allemands beaucoup. Allemands, jamais prussiens ! »

Cette lettre devient longue, Madame ; je ne le regrette pas, lors même que la rapidité du récit en souffre. Peu importe aujourd'hui les agréments ou l'imperfection du style ! Il s'agit bien de cela ! — Je me suis étendu volontiers sur ce sujet, dans l'espoir que quelques-uns de ceux qui liront ces lettres réfléchiront, et arriveront à constater ces deux ou trois points, dont l'importance n'échappera à personne :

1. Il est faux que l'Allemagne soit *unifiée*, comme la Prusse et la presse prussienne et française veulent le faire croire. La prétendue unité Allemande n'est qu'une unité apparente, que les peuples renient dans leurs cœurs. C'est la force et la ruse qui ont fait seules ce qui est. La politique prussienne le sait et l'avoue en créant *ce trésor de l'Empire*, c'est-à-dire de la Prusse, dans lequel les Allemands verseront leur or, et notamment la Bavière, qui y mettra, pour sa part, de gros sacs de thalers, comme je viens de le lire.

2. Les haines nationales, réprouvées par le Droit naturel et le Droit canonique, habilement éveillées par les habiles pendant cette guerre, n'existaient pas contre nous auparavant, de la part des Allemands. Elles n'existent pas davantage maintenant. Les cruautés de Bazeilles ont été commises par ordre, et dans des heures troublées où les hommes qui se battent, ne se sentant ni justiciers, ni martyrs, perdent tout sentiment humain.

3. Mais les habiles qui ont besoin d'asservir les hommes et de les rendre féroces, pour les

faire servir à leurs desseins sanglants, se frottent les mains, en voyant que leur plan a réussi, et que les haines nationales s'allument. Les habiles comptent là-dessus pour recommencer à ruer les pauvres peuples les uns contre les autres.

II.

Revenons à la stratégie prussienne.

La troisième et la quatrième armée, qui n'en font qu'une, sous la direction du général de Moltke, sont organisées. Le Prince Royal de Prusse, tout en talonnant le premier et le cinquième corps, prend, comme nous l'avons dit, le chemin de Paris par la vallée de l'Aube. Il a avec lui les XIe, VIe et V^e corps prussiens, le demi-corps Wurtembergeois, et des flots de cavalerie. Il occupe une longue ligne de l'Est à l'Ouest ; sa tête se montre vers Troies, tandis que son arrière-garde est à Vitry-le-François. L'armée du Prince de Saxe, c'est-à-dire le IVe Prussien, le XIIe Saxon et la Garde, avec les deux corps bavarois, est plus en arrière ; elle ne marche pas, comme on dirait, en colonnes, derrière la première, mais en ligne ; et cette seconde ligne court, à un moment donné, vers le 24 août, du Nord au Midi, d'Etain à Bar-le-Duc. Ce jour-là, les deux armées forment donc une sorte d'angle immense, dont un des côtés fait face, en arrière, aux deux chaînes Argonnaises, l'orientale et l'occidentale, et l'autre se défile comme un serpent, tout le long de la Champagne, depuis Vitry-le-François jusqu'à Troies. Ce second côté de l'angle, dont le sommet est vers Vitry, se termine par CENT HUIT escadrons de cavalerie !

On a dit, et l'on affirme toujours que Mac-Mahon pouvait et devait aller se placer sous les murs de Paris avec son armée. De plus compétents que moi décideront plus tard cette question stratégique, sur laquelle personne ne semble avoir le moindre doute jusqu'à présent. Mais il m'est permis de poser deux ou trois problèmes, après avoir divisé la question et fait observer qu'on doit se rendre compte avant tout de ce qu'on appelle : « l'Armée de Mac-Mahon. »

1. Les débris désorganisés du Ier corps avec la 1re division (Conseil-Dumenil) du VIIe qui y avait été joint dès le cinq août, et le Ve corps, auraient-ils pu, avant de venir se reformer au camp de Châlons, gagner Paris sans être atteints et achevés par les corps du Prince Royal de Prusse, qui les talonnait depuis Wœrth, et ces cent huit escadrons de cavalerie dont je viens de parler ?

2. Dans le cas d'une réponse négative, devait-on les sacrifier, et garder à Paris les deux divisions du VIIe corps et le nouveau XIIe corps ?

3. L'armée, une fois reformée à Châlons, sans perte de temps, on le sait, — aurait-elle pu néanmoins, à partir du 22 août, gagner Paris sans être obligée de livrer bataille, non-seulement aux corps du Prince Royal de Prusse, soutenus par sa formidable cavalerie, mais même à plusieurs corps de l'armée du Prince de Saxe, déjà proches, qui, sachant marcher comme ils l'ont prouvé depuis, pouvaient arriver à la rescousse avec les autres ?

Pour aider à la solution, voici quelques éclaircissements.

J'ai lu l'an dernier, dans des dépêches du corps de Failly trouvées sur les champs de bataille, qu'il lui fut très-difficile de faire embarquer son artillerie à la gare de Chaumont, le 18 et le 19 août ; que malgré les demandes réitérées du général d'artillerie Liédot, on manquait de waggons (il y en eut 50 sur trois cents demandés) ; que beaucoup de troupes et une partie de l'artillerie durent prendre la voie de terre pour gagner Châlons ; enfin, qu'au moment du départ, à Chaumont, des derniers bataillons, les coureurs prussiens étaient signalés vers Chevillon, et dès la veille, le 18, le général Labadie signalait au général de Failly l'arrivée à Demange-aux-Eaux de cinq mille fantassins, outre la cavalerie. Du 18 au 21, jour où l'armée de Mac-Mahon fut reformée, il y a trois jours ; et de Demange-aux-Eaux à Châlons, il n'y avait pas trois étapes pour l'infanterie prussienne.

Quoi qu'il en soit, lorsque Mac-Mahon quitta le camp dans l'intention, dit-on, de gagner Paris, il ne prit pas la voie la plus courte, mais se dirigea sur Reims. Sentait-il que par la voie la plus courte, il était déjà devancé par l'ennemi ?

Le 24 août, tandis que Mac-Mahon était à Rethel, quelques batteries du IVe corps prussien feignaient de bombarder Verdun, et entre-temps ce corps et le XIIe Saxon passaient la Meuse en amont et en aval de la ville à Sommedieue et à Charny, et s'avançaient à marches forcées vers les contreforts de l'Argonne. — On voyait encore, à Charny, deux mois après, les quatre ponts-volants sur lesquels cette armée franchit la Meuse, déployant ses ailes rapides.

Si les Français connaissent peu leur pays, les Allemands le connaissent parfaitement. Ils savent qu'il n'existe en Argonne que cinq passages pour une armée : savoir, les défilés du Chesne et de la Croix-aux-Bois qui aboutissent par Beaumont et Buzancy vers Stenay ; le défilé de Grandpré à Varennes : ceux des Islettes et de la Chalade entre Sainte-Menehould et Clermont-en-Argonne. — Tous ces défilés vont être gardés.

Le XII° Saxon est dirigé vers Stenay. Le 27, il occupe Dun-sur-Meuse, où il se retranche durant un jour ; car il est isolé pour le moment. Le 28 il est à Stenay et même derrière Buzancy, à Tailly et Barricourt.

Le même jour, le quartier-général avec la Garde sont à Clermont, d'où ils partiront le lendemain, en s'étendant le long du défilé par Varennes jusqu'à Grandpré, où le Roi passe une revue partielle et décore deux officiers.

Le même jour, 28, les Bavarois, partis de Bar-le-Duc par Pierrefitte l'avant-veille, campent à Varennes.

Les Islettes seules, à parler strictement, cessaient d'être gardées. Le IV° corps en fut chargé.

Pour vous donner une idée de la rapidité avec laquelle toutes ces masses se mouvaient, je vais laisser la parole à un de mes hôtes, le docteur Schmit, chapelain du prince de Hohenzollern (le père du prétexte de cette guerre deux fois injuste).

Aumônier catholique dans l'armée prussienne, observateur intelligent et homme honorable, ainsi l'ont jugé avec moi ceux qui l'ont rencontré au presbytère de Beaumont, le docteur Schmit consultait en outre son carnet, en nous faisant son récit, le surlendemain de la bataille de Beaumont.

« Nous savions toujours, nous disait-il avec un rire qui nous navrait, nous savions toujours à douze lieues de distance où vous étiez, et tout ce que vous faisiez ; et vous, vous ne saviez pas même où nous étions.

« Nous reçûmes l'ordre dans la nuit du jeudi au vendredi (26). A cinq heures du matin tout était organisé, et le corps partait. Le soir même, nous campions à Froméréville, à une lieue de Verdun. Le samedi (27) nous étions aux Islettes » (il prononçait *ilottes* ou vilottes).

Le samedi, c'était le jour où le général Margueritte était à Beaumont, où le corps de Failly heurtait à Buzancy les reconnaissances du XII⁰ corps saxon, et où le quartier-général de l'Empereur restait comme ensorcelé au Chesne-Populeux, avec le corps Lebrun, après une étape de dix kilomètres, pour en faire treize le lendemain !

Oui, Dieu nous a abandonnés à notre aveuglement ! Les Prussiens savaient, à douze lieues, où nous étions, et tout ce que nous faisions, et nous, nous ne savions pas même où ils étaient. Que cette parole est vraie ! Le dimanche 28 au matin, toute l'armée du Prince Royal de Prusse est encore au-delà de Sainte-Menehould, où le Crown-Prince couche le soir. Les corps du Prince de Saxe (sauf un), et le I⁰ʳ Bavarois que suit le second, ne sont qu'à une étape par ici de Bar-le-Duc.

En effet, les Bavarois sont partis de Pierrefitte la veille , et ne seront à Varennes que ce soir. Le roi , avec la Garde, ne couchera de même à Cleremont que ce soir. Le quatrième prussien revenant des Islettes ne dépassera pas Vauquoy ce soir. Le XIIe Saxon seul, avec une brigade ou tout ou plus une division du IVe corps , est en arrière de Buzancy , vers le Sud—Est. Tous ces corps vont faire aujourd'hui des étapes de huit à dix lieues , comme ils ont fait les jours précédents, comme ils vont faire encore pendant trois jours. Et l'armée de Mac-Mahon fera des étapes de 9 à 12 kilomètres !

Le corps de Douai , qui est en deçà de Vouziers, viendra jusqu'à Boult-aux-Bois, parcourant 11 kilomètres. Le corps de Ducrot viendra de Voncq au Chesne : 9 kilomètres. — L'empereur et Mac-Mahon iront du Chesne—Populeux à Stonne : 13 kilomètres. De Failly reviendra un peu au-delà du point où il était hier ! Et hier, personne n'a fait un pas en avant ! —Lisez Madame, cette confession détaillée dans la *Journée de Sedan*, par le général Ducrot ; contentez—vous, même , de parcourir les marges , et cela vous suffira.

Le 28 était le jour critique pour l'armée de Mac-Mahon.

Le 28 , de Moltke était en défaut , ou bien il était certain , par divination ou je ne sais comment, que nous avions l'intention d'hésiter , de tâtonner, d'attendre ses deux armées , et de nous faire écraser par elles.

En effet, Beaumont est, en temps de paix, la halte du milieu du jour pour les troupes qui font l'étape du Chesne à Stenay , par notre route stratégique. Voilà vingt ans que j'en suis témoin. Il était donc au moins possible à Mac-Mahon de venir du Chesne à Beaumont , ou à Yoncq , le 28.

De Failly pouvait en faire autant. Ducrot pouvait gagner la Bagnole et Warniforêt, et Douai, Sommauthe. Ce n'eut pas encore été l'équivalent du chemin fait par tous les corps prussiens le même jour , et encore une fois , l'on n'était pas fatigué. On avait employé une semaine à parcourir le chemin qu'un Pape cassé par les années avait fait au douzième siècle en une matinée , et la veille , sauf le corps de Failly , tous les autres s'étaient reposés ; et je ne demande pour le corps de Failly , que le chemin qu'il a fait en effet le 28, dans une autre direction.

Le 28, le même jour, qui empêchait le génie de construire des ponts-volants sur la Meuse en nombre suffisant , et de profiter des gués de la rivière , alors exceptionnellement basse ? Le lundi à midi, de Pouilly à Mouzon, la Meuse eût été franchie par les quatre corps de Mac-Mahon.

Le soir de ce même jour, par toutes les hauteurs boisées de la rive gauche de la Meuse, et des chemins nombreux et solides pour l'artillerie et les convois, l'armée de Mac-Mahon gagnait les hauteurs de Saint-Walfroy, puis de Montmédy, se ravitaillait, — grâce aux approvisionnements concentrés là depuis dix jours par plus de soixante villages dans la prévision de la jonctions des deux armées, — en viande, en avoine, en pains. — On a brûlé les pains en guise de mottes tout l'hiver dans les environs de Montmédy. Je tiens ce fait de deux hommes honorables : M. Pierrot , rédacteur du Journal de Montmédy, et M. le curé de Chauvency.

Qui nous eût attaqués ? Le XIIe corps saxon seul était en mesure, puisque seul il était à proximité. L'eût-il fait ? Et s'il l'eût osé , n'aurions-nous pas remporté la victoire , deux ou trois contre un, artillerie quadruple, cavalerie triple, et chassepots ! — Une victoire, sans parler de son effet moral sur les *Allemands* , nous eût rendu du courage et des jambes pour gagner Metz ; nous avions, comme l'a fort bien dit le comte de Palikao, trente-six heures d'avance sur l'armée du Prince Fritz ; et l'autre armée seule fût arrivée sur nos derrières au moment où nous aurions, à notre tour, étreint Steinmetz et Charles entre deux feux. Et si elle nous eût atteints plus tôt, nous n'aurions pas, du moins, bu le calice jusqu'à la lie, comme à Sedan.

Mais non. Nous ignorons tout. Le, Maréchal, à trois heures du matin, le 28, demande à M. Lamacq *s'il y a des gués ou des ponts* entre Mouzon et Stenay, et *où ils sont !* Il ignore que Beaumont est le bourg des Ardennes qui fournit le plus de bois à la marine, et il demande s'il trouvera chez nous des matériaux pour construire des ponts-volants, à défaut d'équipages de pont qui lui manquent.

Nous ignorons tout. Nous ignorons qu'il existe une armée du Prince de Saxe, qu'elle voyage, et que, des corps qui la composent, un seul est près de nous, et le reste échelonné à dix et quinze lieues sur notre droite. Nous ignorons que l'armée de Bazaine est maintenue sous Metz, nous tâtonnons, nous hésitons, nous arrêtant dans chaque village pour demander : où est Bazaine ? Encore une fois, il semble que nous n'ayons rien plus à cœur que de donner le temps aux deux armées prussiennes de se réunir pour nous atteindre et en finir.

Au reste, tout nous fut contraire. Le Maréchal avait le sentiment de la nécessité urgente où il se trouvait de passer la Meuse. Le dimanche 28, le général de Failly recevait une dépêche de Mac-Mahon dont voici la première phrase : « *Il est de la plus haute importance que nous traversions la Meuse* (le fleuve) *le plus tôt possible.* » Et ce même dimanche 28 , le Maréchal s'arrête à Stonne , après treize kilomètres ; le lendemain, 29 , il va jusqu'à Raucourt , à huit kilomètres ; et le 30 , il ira jusqu'à Mouzon , encore à huit kilomètres !

Dans la nuit du 28 au 29, il a envoyé un courrier au général de Failly , pour lui dire de ne pas rester à Belval, de se rabattre sur Beaumont et Mouzon , en combattant mollement s'il est attaqué. Et l'officier d'État-Major qui portait cet ordre se laisse prendre par les hulans. Il s'appelait d'un nom fatal : c'était un Grouchy !

Encore une fois , notre *Mane* , *Tekel* , *Pharès* était écrit. Dans toute cette guerre, nous n'avons pas vu surgir un homme, pas un événement !

De l'autre côté, en revanche, quelle rapidité, quel coup-d'œil, et. aussi quel bonheur constant ! Quelle promptitude à réparer une faute. Car, de deux choses l'une, ou de Moltke était certain que nous attendrions la concentration de ses deux armées ! ou, malgré la sagesse de son plan, de Moltke avait commis une faute, en tardant si longtemps à rabattre sur nous l'armée du Prince Fritz, et en ne nous barrant le passage de Beaumont-Mouzon-Carignan , par où nous pouvions tourner l'Argonne , que par un seul corps du Prince de Saxe , placé encore bien à gauche de ce passage. En tout cas, demain , il n'y paraîtra plus. Le Samedi , pendant les préparatifs du déjeûner de l'Empereur et de sa maison, pendant les études topographiques de Mac-Mahon sur la carte de la contrée qu'il a trouvée à la Mairie, les éclaireurs prussiens sont au Chesne même ; ils ont tout vu, ils ont su nos hésitations. Un officier prussien couche au Chesne en même temps que l'Empereur ; — et après le départ de nos dernières troupes, revêtant son costume militaire, et appelant d'un coup de sifflet quelques hulans dissimulés autour du Bourg, il en prend possession au moment où nous en sortons. Mais il a envoyé d'autres hulans qui ont fait leur rapport à l'État-Major du Roi. Les hulans partent ventre-à-terre pour les Islettes (si c'est Vilotte, l'effort est plus grand) ; ils portent au IVe corps l'ordre de recourir sur ses pas ; et ce même dimanche, il décampe. Il vient coucher le soir à Vauquoy, un peu au-delà de Varennes, et le lundi à Landreville, à cinq lieues de Beaumont. Les Bavarois après avoir marché, non, bondi, en deux jours de Pierrefitte à Varennes , sont le lundi soir à Sommerance et à Bayonville , près de Landreville, avec le XIIe Saxon, et le mardi , couverts par la Garde, à onze heures du matin ils étaient sur nous. En trois jours, ces cent mille hommes avaient parcouru l'équivalent du trajet que l'armée de Mac-Mahon avait fait en une semaine, et le quatrième, ils nous présentaient la bataille.

Ne devaient-ils pas la gagner ?

En même temps, Fritz a reçu l'ordre d'accourir d'au-delà de Sainte-Menehould ; il accourt, à marches forcées, et il sera là, juste à temps, le jeudi à midi, pour fermer le cercle à la bataille de Sedan.

Agréez, etc.

CINQUIÈME LETTRE.

Marche de l'armée du Prince de Saxe dans la matinée du 30 Août. — Les cartes prussiennes. — Les études et les connaissances topographiques des Prussiens. — Parallèle. — Sentiment des officiers prussiens sur les causes de nos défaites. — Encore le *principe d'égalité.*

—

MADAME,

Au matin du 30 août, l'armée du Prince de Saxe, enfin réunie, s'ébranla. Le quartier-général, à cinq heures, quitta son campement de Landreville, hameau dépendant de la paroisse d'Imécourt ; le XII⁰ Saxon partit de Nouart et Tailly ; le IV⁰, de Bayonville. Les Bavarois se dirigèrent de Sommerance sur Buzancy et Sommauthe. A Fossé, derrière Belval, où la brigade Schultze du IV⁰ corps fit halte, un officier d'état-major vint annoncer que la bataille était imminente. Des docteurs, qui avaient gîté chez M. le curé de Bayonville , lui avaient dit de même , à sept heures du matin, en prenant congé de lui : « Aujourd'hui grands malheurs pour vous, et pour nous ; aujourd'hui grande bataille à Beaumont. » — Comment pouvaient-ils le savoir ? — Après un repos d'une demi-heure , à deux lieues de Beaumont , et à une lieue et demie de la lisière de nos bois , les trois corps , derrière lesquels venait la Garde, en réserve, se remirent en marche à travers la forêt d'Argonne. Dans les bois de Belval , des soldats du IV° corps trouvaient des sacs et des cartouchières de français ; et cette vue les animait, dit un récit prussien. Les Bavarois descendaient par la route de Sommauthe ; les Saxons et les Prussiens prirent quatre chemins forestiers , qui devaient les conduire en face des premiers campements français : le sentier de Beaufort à Beaumont, celui qui aboutit à la Fontaine au Fresne ; le chemin de Nouart ou du grand étang de Belval qui se bifurque en deux autres , aboutissant l'un sous la ferme de Belle-Tour, l'autre au lieu dit Brouenne ; enfin le chemin de Belval , qui débouche sous la Tuilerie. Plus d'une fois, il fallut couper des arbres et les placer en travers de ces sentiers, détrempés par la pluie , pour leur faire porter l'artillerie et les fourgons.

Pour engager dans ces chemins, dont un seul

est empierré , une armée de cent mille hommes et plus, il fallait connaître parfaitement le terrain, parce que ces chemins sont fréquemment coupés par d'autres qui mènent ailleurs. Tout le monde sait aujourd'hui que cette connaissance des lieux est familière aux Allemands. Non seulement les officiers supérieurs, mais les simples lieutenants et même les premiers-soldats sont munis de cartes bien faites et minutieusement détaillées : les moindres sentiers y sont tracés, et les plus petites fermes indiquées , avec les haies et les buissons même. Les meilleures de ces cartes et les types des autres sont les cartes françaises, dites cartes du ministère de la guerre ou d'État-Major, et sont sorties de nos imprimeries. On voit chez mon voisin , où logea l'Oberst von Thiele , chef d'État-Major du Prince de Saxe, qui commandait à Beaumont le soir de la bataille, une magnifique carte du Bas-Rhin , laissée par lui comme souvenir à son hôte absent ; elle porte : *Carte topographique du Département du Bas-Rhin, Strasbourg , à la lithographie de V^c Levrault , rue des Juifs, n° 33, 1841.* On y remarque, ajoutés à la plume , les numéros d'ordre des chemins vicinaux, plusieurs voies tracées au pinceau , désignées par le mot *lignes*, avec un numérotage particulier , et diverses autres indications manuscrites.

Les officiers français n'ont plus ces cartes :
les Prussiens les ont. M. le curé d'Inor (Meuse),
exhortant quelques jours après la bataille , ses
paroissiens à la pénitence , et à prier pour la
conversion de la France , leur disait pour leur
démontrer jusqu'à quel point le sentiment du
devoir était perdu chez nous : « Vous l'avez vu
de vos yeux : les officiers prussiens avaient tous
des cartes , et l'on trouvait des romans dans la
sacoche des nôtres. » Il aurait pu ajouter : avec
la carte , le livre de prières ; et les Allemands
se servaient très-sérieusement de l'un et de
l'autre.

La veille du désastre de Sedan , un officier
prussien , docteur en médecine , médecin civil ,
qui logeait chez le docteur Hunin de Douzy ,
près Sedan , lui dit : Nous allons traverser le
Bois-Chevalier. — Comment le pourrez-vous ?
répondit le docteur français , il n'y a pas de
route. — Il y a deux larges sentiers , et ils
nous suffisent., repartit l'officier allemand. Et
déployant sa carte , il les lui montra sans aucune
hésitation.

Le matin de la bataille de Beaumont, un
général français demandait à un de mes paroissiens si Sedan était une ville ouverte ou une
ville fortifiée. — Si le bourgeois , à qui fut
adressée cette question , eût pu prophétiser un

peu, il eût répondu : L'un et l'autre, mon général.

La veille de la bataille de Sedan, la dame Pingard, d'Aillicourt, hameau situé en face de Bazeilles, sur la rive gauche de la Meuse, était montée avec ses enfants sur la hauteur qui surplombe au-dessus du hameau, et regardait une batterie d'artillerie. Le général, qui se trouvait là, lui dit, en lui montrant Sedan : Quel est ce village? — C'est Sedan, Monsieur. — Ce n'est pas possible, puisque nous sommes sur la Moselle, fit-il, en montrant la Meuse qui coulait à ses pieds, à six cents mètres de là. — Et cet autre pays qui est ici tout proche, comment le nommez-vous? — C'est Thelonne. Et voyez-vous, Monsieur, cette hauteur qui est au-dessus de Thelonne? Vous ferez bien de l'occuper, car si vous ne l'occupez pas, les Prussiens y seront demain. On domine Sedan, voyez-vous, de là haut. — Le général, qui avait pris la Meuse pour la Moselle, sourit de cet air que n'avait pas Molière, quand il lisait ses vers à sa servante. Le lendemain, au point du jour, il délogeait sans trompette avec ses batteries. Les Prussiens se disposaient à l'écraser, de la hauteur indiquée.

Ce récit est incroyable, et il faut le croire. Je le tiens de la bouche même du témoin, personne très-véridique.

Un autre général français, à Beaumont, soutenait aux gens du pays que Stenay devait avoir quelques fortifications.

Il avait sans doute le souvenir confus que cette ville possède une caserne.

Un capitaine de landwher, commandant de Stenay occupé, se promenait un jour avec M. Rivar, maître de forges et l'un des grands propriétaires du pays. D'une éminence, l'officier prussien montrait à son hôte tous les villages et bois environnants, et les lui nommait l'un après l'autre. A la fin, il lui indiqua au fond de l'horizon un village qu'il lui nomma encore. Puis il ajouta : Derrière ce bois, Monsieur, un peu à gauche, il y en a un autre que l'on aperçoit dans le lointain : c'est le bois de Fayelle ; et ce bois est à vous, fit-il, en lui frappant sur l'épaule. M. Rivar fut tellement stupéfait, qu'il ne pouvait en croire ses oreilles ; il fit répéter le propos à l'officier.

Nous avons disserté, plus d'une fois, sur ce défaut de connaissances chez les officiers français, et voici ce qui me fut dit par plusieurs d'entre eux : Chez nous, on n'encourage nullement l'étude ; et l'on se moque même de ceux qui travaillent : aussi sont-ils rares ; chez nous, la science ne mène à rien. On pose en principe que la bravoure suffit, et tout le monde est censé être brave. Alors survient le principe *d'égalité*, qui domine seul. Il con-

siste, dans l'espèce, en ce que savants et ignorants sont égaux, en thèse générale, et ont les
mêmes droits aux grades supérieurs. Mais comme il n'y en a pas pour tous, il ne reste plus qu'à
les obtenir par l'influence (c'est le terme reçu) de
son sénateur, de son député, de quelque person-
nage haut placé, ou de n'importe qui.

Égalité, influence, arbitraire, faveur, tout cela
est donc la même chose ! Le mérite seul est en
dehors. Et voilà que nous prenons encore une fois
89 la main dans le sac. Infâmes, infâmes principes de 89 !

Un officier français me dit : Monsieur l'abbé,
c'est la même chose partout en France, c'est la
même chose dans le clergé : chez vous, comme
chez nous, la science ne mène à rien. C'est la
faveur qui fait tout. Et il développa sa pensée en
citant des faits et des noms propres.

Un jour que je faisais visite, dans une des salles du presbytère, aux officiers prussiens blessés,
je leur demandai à quelles causes, en dehors de
l'infériorité numérique, insuffisante pour tout
expliquer, à quelles causes ils attribuaient nos
défaites.

Ils étaient trois. Le premier dit : Autrefois,
c'était le mérite français qui procurait les grades ;
aujourd'hui, ce n'est plus (je cite textuellement).

Le second ajouta : Vous avez encore *des* soldats

qui se battent bien. Vous n'avez pas de bons généraux.

Le capitaine Wermelskirsch reprit : Chez nous, dans l'artillerie, c'est le travail et l'étude qui donnent les grades. Il faut faire preuve de connaissances sérieuses pour devenir lieutenant. Jamais un lieutenant en second (il n'y a pas de sous-lieutenants en Prusse) ne deviendra lieutenant en premier, s'il ne prouve qu'il en est digne par l'examen.

Capitaine, lui dis–je, vous avez emprunté cela à la sainte Église romaine ; c'est le *Concours*, admirable institution du Concile de Trente. Ce que vous avez emprunté à l'Église, elle ne l'a plus, du moins en France. Vous n'êtes pas catholique, capitaine, ou vous l'êtes sans le savoir ; voici néanmoins une réflexion que je veux vous soumettre. Pensez-vous que la nation française fût descendue si bas, si son Clergé, se conformant à la discipline de l'Église romaine, au lieu de se conformer au régime et aux habitudes de 89, avait donné à tous l'exemple, en conférant, comme le veut le Pape, les premières places au mérite constaté par le concours ?

Nous voilà, Madame, bien loin des camps et de la bataille, bien que nous soyons toujours avec l'armée. J'écourterai cette lettre, pour que la transition ne soit pas trop brusque.

22 Novembre 1870.

SIXIÈME LETTRE.

LA SURPRISE DE BEAUMONT.

—

Madame,

L'heure du départ du Ve corps pour Mouzon avait été fixée vers midi et demi pour ceux qui devraient se mettre en marche les premiers. A huit heures le maréchal Mac-Mahon vint à Beaumont, s'entretint environ une demi-heure avec le général de Failly, et repartit pour Mouzon. Sans aucun doute le général en chef d'une grande armée doit se reposer pour beaucoup de mesures de détails, sur ses subordonnés, et le proverbe : *De minimis non curat Prætor* , doit avoir été fait tout exprès pour lui. Néanmoins , je crois que si Napoléon Ier ou un autre grand capitaine fût venu passer une heure à Beaumont dans la matinée du 30 août, il aurait eu la pensée de traverser au trot de son cheval les campements vers le Midi ; il aurait poussé même jusqu'à quinze cents mètres, en vue de la forêt et de la vallée ; et la bataille de Beaumont n'eût point été perdue ou n'eût pas été livrée. Mais tout le monde n'est pas tenu d'être un Napoléon Ier, ni de faire ce qu'il eût fait. Le maréchal Mac-Mahon s'en retourna vers Mouzon, laissant toutes choses comme elles étaient, et il y entra environ une heure après, vers dix heures et demie, au moment où l'Empereur y entrait lui-même, et où l'armée prussienne atteignait la lisière de la forêt, à six cents mètres de nos campements.

On a tant dit et répété qu'il n'y eut à Beaumont ni précaution, ni surveillance, ni reconnaissances, et que le général de Failly y fut « surpris et pas gardé » que j'allais oublier de le mentionner. Rien n'est comparable à l'incroyable sécurité du cinquième corps à Beaumont, si ce n'est son incurie et l'oubli de toutes les règles militaires. Presque tous les officiers supérieurs avaient couché dans le bourg et se disposaient à y déjeuner, sans avoir paru dans leurs campements. Un nombre considérable de soldats circulaient librement de Beaumont à Létanne, beaucoup même étaient allés jusqu'à Pouilly, à une heure de là, quêter du pain et des vivres. On menait les chevaux d'artillerie à l'abreuvoir tous ensemble, ou à peu près.

Aucune pièce n'était attelée , aucune même en position dans la division Goze ; canons et fourgons, je l'ai dit , étaient comme ensevelis dans un pli de terrain.

Cependant des bruits vagues , mais constants, annonçaient l'approche de l'ennemi ; et plus l'heure avançait, plus ils prenaient de consistance.

Vers onze heures et demie, Constance Burdo, née à la Tuilerie , et mariée récemment à un jeune homme aujourd'hui garde mobile, pleurait assise sur le seuil de sa maison. Un cultivateur nommé Jurion, qui fut fermier à Petite-Forêt, et par conséquent voisin des gens de la Tuilerie, vint à passer , et voyant ses larmes, lui dit , en langage du pays : Qu'est-ce qu'il te faut donc , Constance , pour pleurer comme tu fais ? — Je peux bien pleurer , dit-elle. Les Prussiens sont chez nous (à la Tuilerie). — Qui est-ce qui te l'a dit ? — C'est ma sœur Aimée qui vient d'accourir pour nous annoncer cette nouvelle-là.

Jurion fit quelques pas et rencontra un général. — Mon général , les Prussiens sont à la Tuilerie , à deux petits kilomètres d'ici. — Vous en avez menti , répliqua le général. Et ce fut toute son enquête.

Voici , en effet , ce qui s'était passé à la Tuilerie. Un soldat, se disant sentinelle ou vedette, était venu s'y installer dans la matinée. La mère

Burdo l'avait bien accueilli ; mais comme elle est aussi fine que franche , elle avait conçu certains soupçons sur la valeur de sa vedette. — Si tu es vedette , lui dit-elle à la fin , d'où vient qu'on ne te relève pas , depuis le matin que tu es ici ? — C'est que je suis volontaire , répondit le troupier. — Ah ! tu es volontaire ; eh bien ! écoute , faisons une convention , nous deux. Tout à l'heure je vais tremper la soupe ; tu en auras ta part. Mais si tu vois les Prussiens , tu me feras signe ; car il me faut aller mettre les pains au four. Quel signe me feras-tu ? — Je tirerai un coup de fusil.

C'est que la mère Burdo était inquiète ; depuis quelque temps, il lui semblait entendre un bruit étrange dans la forêt ; les oreilles lui tintaient ; et elle était loin d'être tranquille pour sa maison, ses enfants, et « ces pauves malheureux-là qui ne songaient à rien, » disait-elle, en parlant des soldats. Quand elle eut mis les pains au four, elle revint à sa prétendue vedette ; qui n'avait pas encore tiré son coup de fusil. Tout à coup, elle aperçut comme des masses noires qui se mouvaient au travers du feuillage de la forêt. — Malheureux, dit-elle au soldat, tu ne les vois donc pas ? Mais ils vont venir te prendre tes culottes ! — Le soldat lui répondit par un sourire faux et niais ; il s'avança, sur l'indication de la Tuilière, sous le hangar, où se trouve aussi le four à tuiles ; il constata la vérité du dire de la maman Burdo, et ne tira pas son coup de fusil. Son plan était fait. Il s'abrita sous le hangar, s'y cacha pendant la bataille, laissa passer l'ennemi, rentra dans la maison, vint prendre les habits civils du jeune Burdo, alla dans le bois s'en revêtir, et se déroba. C'est ce qu'attestèrent les diverses parties de son uniforme, y compris son chassepot, que l'on retrouva dans le *boschet* (bosquet) de la Tuilerie, à quelques pas du hangar. Mais laissons ce misérable, qui aurait pu sauver l'armée, et peut-être la France, et attachons-nous aux pas de la mère Burdo, qui a pris sa course vers Beaumont.

Le long du chemin (le chemin de Belval à Beaumont), elle s'adressait aux soldats campés des deux côtés, et qu'elle voyait les uns faire la *popotte*, les autres nettoyer leurs fusils. Elle leur annonçait l'arrivée des Prussiens, leur jetant ses paroles vives sans s'arrêter, et sans perdre un pas. Plusieurs lui répondaient par des plaisanteries. — Que ne les attendiez-vous comme moi, bonne mère ? Voyez ; je les attends, en faisant la soupe. — Oui, pauvre malheureux, fais ta soupe, et dépêche-toi (hâte-toi) ; ces autres-là vont venir la souffler (souffler dessus).

Son fils Jean-Baptiste, qui la précédait de

quelques minutes, s'était présenté chez M***, qui l'avait introduit près d'un général logé chez lui. — Mon général, les Prussiens sont dans la forêt, à deux kilomètres d'ici ; nous les avons vus, et je suis venu vous le dire. — Mon cher ami, vous devez vous tromper ; ce sont quelques hulans que vous aurez vus. — Pardon, mon général, il y en a beaucoup, beaucoup : c'est une armée.

.Il se fit une pause. Le général demanda ensuite négligemment : Combien y a-t-il de kilomètres d'ici à Mouzon ? — Jean-Baptiste Burdo raconte qu'il feignit de ne point entendre la question, et se dit à lui-même : Je devine ce que tu veux faire ; tu ne sauras pas cela de moi. Environ deux heures après, il retrouvait ce même général, qui ne parut point sur le champ de bataille, dans le chemin de Villemontry, où couraient vers Mouzon la masse des premiers fuyards. Le général, qui fuyait lui-même, criait aux soldats : Tas de lâches.

Jean Baptiste Burdo raconte qu'il était indigné, et que, à la place des soldats, il eût bien su que répondre à ce général.

Tandis que nous déjeunions au presbytère, un chirurgien-major avec deux ou trois de ses médecins militaires, mêlés fraternellement à deux ou trois chirurgiens de la Croix-Rouge, deux aumôniers, le sous-intendant Demange, et moi, on vint nous dire que plusieurs habitants de Sommauthe accouraient, disant qu'on pillait leur village. C'étaient les piqueurs du chasseur d'hommes Guillaume de Prusse. Il allait entrer dans Sommauthe pour jouir du spectacle de la bataille, du haut de cette montagne, d'où l'on voit se dérouler un des plus magnifiques panoramas de l'Argonne.

Quelques minutes après, la porte de la salle à manger s'ouvrit avec bruit ; une personne entra brusquement, et sans salut ni compliment, s'adressant à la compagnie qu'elle supposait composée d'officiers, nous jeta ces paroles : « Messieurs ! les Prussiens sont sur vous ! » C'était la fondatrice du petit hospice apostolique de Beauséjour, modeste maison neuve située à cinq minutes de la Tuilerie, à droite, sur le même plan. Un court silence lui répondit. Je le rompis pour lui dire : Madame, allez chez Monsieur le Maire, où déjeunent le général en chef et son État-Major ; faites ce que vous venez de faire ici ; entrez sans vous faire annoncer ; ouvrez la porte de la salle à manger sans cérémonie, répétez les mêmes paroles, avec le même accent et criez-leur : Messieurs ! les Prussiens sont sur vous.

— Elle sortit, vola chez le Maire, où elle fut empêchée d'entrer par trois factionnaires. Cette dame, très-douce de caractère, s'élança vers une fenêtre, et donna dessus un fort coup de poing. Le bruit attira l'attention ; on la laissa entrer dans le corridor, elle ouvrit la porte de la salle à manger ; immédiatement un aide-de-camp la prit par le bras et la fit reculer. Mais le général de Failly dit : Laissez-la parler. Il lui demanda où elle habitait, prit une carte de la Mairie, lui dit d'indiquer l'endroit où elle disait avoir vu les Prussiens ; elle le fit, salua et sortit.

Un quart d'heure après, un coup de canon retentissait, tiré à quatre cents mètres de nos premiers campements, et révélait la présence d'une armée de plus de cent mille hommes ! Les Prussiens étaient sortis de la forêt, avaient déployé les ailes de leur armée vers Létanne et la Meuse d'une part, la Thibaudine de l'autre, avaient traversé la vallée avec leur centre , construit quatre ponts-volants pour leur artillerie sur le ruisseau de Wame, dans la vallée découverte, et étaient venus prendre position sur les collines, sans avoir été vus ! Il fallut ce coup de canon, tiré à cette distance, pour convaincre le général en chef et son État-Major, les généraux, les colonels, les commandants et les autres officiers qui déjeunaient en ville, et dont plusieurs demandaient une crème au dessert, disant qu'ils n'en avaient pas eu depuis bien quatre jours. Encore ne furent-ils pas tous convaincus. Le nommé Jean Potron, ancien cultivateur, homme respectable, logeait un chef de bataillon et son adjudant ; il avait éprouvé quelque peine de les voir garder la chambre jusqu'à midi. Lorsqu'il entendit le coup de canon, il s'approcha du commandant, et avec une familiarité respectueuse, lui frappa sur l'épaule, en lui disant d'une voix triste, où perçait une sorte de reproche : Ah ! mon ami ! — Ce n'est rien, répondit le commandant. Ce sont probablement nos artilleurs qui s'exercent.

Toutefois, à l'État-Major, on dut être facile à convaincre. On m'a assuré ce qui suit. Deux ou trois minutes avant la détonation, un messager, qu'on suppose avoir été un officier, en habits civils, était entré chez le Maire, et un instant après, on pouvait entendre les officiers supérieurs s'écrier dans la salle où ils étaient réunis : « Surpris ! — Que va-t-on dire de nous ? — Nous sommes perdus d'honneur ! — Bah ! si l'on nous pend, on en pendra bien d'autres ! »

Il était midi vingt minutes.

Il me faut renoncer à vous décrire l'effet produit par le premier coup de canon, le court silence, puis l'immense clameur qui le suivit, et le désordre, et le pêle-mêle effroyable de cris,

de chevaux , de caissons , d'attelages de toutes
sortes, qui s'agitaient, se croisaient , se heur-
taient, se confondaient sur la grande place cherchant à se frayer un passage , soit par la rue de
la porte de Mouzon, soit vers Létanne.

Ajoutez la détresse de toute une population ,
hommes, femmes, enfants, vieillards même , qui
cherchent leur salut dans la fuite sans savoir où
se diriger. Il y en eut qui coururent au milieu
des soldats sur le chemin de Mouzon, d'autres à
travers champs. Le plus grand nombre s'enfuit
du côté de Létanne. Ceux-là se trouvèrent mêlés
à une foule de soldats, qui, surpris dans le bourg
ou sur le chemin même, s'enfuyaient au premier
coup de canon, un bon nombre avec leurs armes.
Ce spectacle, si contraire à l'idée que l'on se fait
en France du courage militaire , navrait mes
paroissiens , et il y eut quelqu'un qui leur dit :
Malheureux , si vous ne voulez pas vous battre,
donnez-nous vos fusils, nous irons nous battre à
votre place ! Des vieillards firent plus d'une lieue
en courant , et trempés de sueur , haletants de
fatigue , arrêtés par la Meuse vis-à-vis la ferme
de Saint-Remi , se jetèrent à l'eau tout habillés
pour traverser le fleuve ; ils en avaient jusqu'à
la ceinture. Il y en eut qui firent cinq lieues et
se trouvèrent le soir entre Villers-sous-Mouzon
et Remilly , au milieu de cette partie de l'armée

française, pourchassée depuis la Besace et Raucourt, par l'aile gauche des Prussiens vainqueurs. Ils avaient fui le théâtre du combat , et ils s'y retrouvaient après une marche de cinq heures !

L'instinct de conservation n'était pas le seul mobile qui poussait un si grand nombre de mes paroissiens à fuir leurs demeures. Quelques officiers et soldats leur avaient dit : On va se battre dans Beaumont : le village sera brûlé : sauvez-vous !

Ceux-là pronostiquaient mal. L'infanterie de marine n'était pas là : c'est à Bazeilles que leur prédiction devait se réaliser.

A Létanne , deux sergents et trois ou quatre soldats mangeaient une omelette au lard dans l'unique hôtellerie du lieu , chez la veuve Georges-Maréchal. Au premier coup de canon , le gendre de celle-ci, M. Thiriet, adjoint au Maire, se hâte de leur verser à boire, en disant : « Messieurs, voilà le rappel qui bat. Buvez vite : il est temps de rejoindre. — Moi , répondit un sergent , croyez-vous que j'irai me battre pour ces canailles de riches , qui ne contribuent que de leur argent , tandis que nous contribuerons de notre peau ? » Et de son sabre , il coupe son ceinturon , et jette par la fenêtre ouverte , cartouchière et armes dans le jardin. Les autres font de même, et tous sortent, filant vers Mouzon.

A Beaumont , un soldat de marine, atteint de la goutte, n'avait pu partir la veille et avait été recueilli chez M. Lardenois, notaire. Au premier bruit du canon , il se lève de sa couche , prend son fusil et ses munitions , et s'en va , boitant, avec un pied enveloppé de linges, s'embusquer dans une ruelle du bourg ; et il répond à son hôte compatissant qui veut le retenir : « Croyez-vous que je vais rester là, dans mon lit, tandis que les autres vont faire leur devoir ? »

Cependant , à la première détonation , me levant de table, je m'étais écrié : Honte sur nous, l'ennemi sait à qui il a affaire ; il nous surprend misérablement , et nous attaque à l'heure du déjeuner ! — Presque au même instant , les coups de canon se succédaient, la fusillade retentissait , et l'on frappait à coups redoublés à la porte du presbytère ouvrant sur la rue des Morts , qui est la route de Mouzon. C'était une troupe affolée de femmes et d'enfants, qui venaient d'instinct se réfugier chez leur Pasteur. — Entrez, leur dis-je, allez à la cave ; ma sœur va vous conduire ; vous serez là en sûreté ; priez Dieu pour la France , et soyez sans crainte pour votre vie, j'en réponds. En disant : *J'en réponds,* j'avais la conviction qu'il en serait ainsi , et que l'armée française ne songerait pas à tenir dans Beaumont.

J'étais resté sur le seuil de la porte, contemplant le tohubohu que j'ai décrit en trois mots tout à l'heure, lorsque mes regards rencontrèrent le visage de l'adjudant-major Chabot , mon hôte de la veille et du matin, à cheval en face de moi, près de l'hôtel du Commerce. Il m'adressa la parole : « Monsieur le curé , » me dit-il , avec cette grâce et ce sourire des anciens braves qui savaient mépriser la mort en guerre, « Monsieur le curé, vous aviez raison . *Nous y sommes.* — Mais, mon capitaine, lui repartis-je aussitôt, tout n'est pas perdu ! Il y a à cinq cents mètres d'ici une excellente position pour votre artillerie. Postez-y vos canons, et vous répondrez à tous leurs feux : je connais le pays. — Dites cela à mon général d'artillerie. — Je ne le connais pas. — Le voici , fit-il en me le montrant de son épée. Puis faisant avancer son cheval : — Mon général, Monsieur le curé a un renseignement à donner. Le général se tourna en face de moi , et je lui répétai ce que j'avais dit au capitaine : Très-bonne position pour l'artillerie , à cinq cents mètres d'ici. — Où ? où ? fit le général. — J'abaissai le bras, indiquant le sol de la rue, je le relevai à droite vers la porte de Mouzon , en disant : Cinq cents mètres , à gauche , lieu dit Moulin-à-vent. Le général s'inclina : — Je vous remercie, Monsieur le curé , je vais prendre les ordres de mon général en chef. » Puis il tourna bride, et s'en alla au pas de son cheval, vers la place.

Ce flegme m'indigna. Le canon des Prussiens avait tonné plus de trente fois, et voilà un général d'artillerie qui va prendre tranquillement les ordres de son général en chef. Il pouvait avoir raison, et il était en règle ; mais il me semblait, dans le moment, que puisque le feu était à la maison, le plus pressé était de l'éteindre, et non d'aller chercher des ordres. Je refermai ma porte, et j'exhalai, en des termes que j'ai oubliés, mes sentiments sur la situation présente de la France, ses causes, ses effets trop cruels et trop visibles. J'avais du tout une intuition très-vive, et il est fâcheux que la mémoire fasse parfois défaut à l'homme ; il est des moments où il voit si clair et sent si fortement, que dix lignes, qui photo-graphieraient au vif cette évidence, vaudraient mieux que des volumes de considérations, et notamment que toutes les réflexions dont j'allonge ce récit. Il paraît que j'effrayais mes hôtes. Car ils me prirent les mains, me conjurant de me calmer. Je répondis que j'étais calme, et que l'indignation ne suppose pas toujours le trouble ni la colère irraisonnable, et j'accusai le siècle de 89 de ne plus savoir s'indigner, ni compren-dre l'indignation...

Quel nom donnera-t-on à cette bataille, qui a commencé à Beaumont , et fini à Mouzon ? demandait-on quelques jours après à un prince allemand. — Non pas bataille de Mouzon, répondit-il, mais *surprense de Beaumont*.

SEPTIÈME LETTRE.

LA BATAILLE.

—

Madame,

Allons, il en est temps, sur le champ de bataille. C'est entre le hameau de Petite-Forêt et l'humble hospice apostolique dont nous avons vu la directrice venir avertir le général de Failly aux derniers moments, que furent placées les premières batteries prussiennes. Celle qui tira d'abord fut la batterie d'avant-garde, que commandait le capitaine Wermelskirsch ; elle tira seule pendant le premier quart d'heure. Alors quatre nouvelles batteries vinrent se placer auprès de la première, et trente canons crachaient de cet endroit le fer et le plomb sur les premiers campements français, à moins de quatre cents mètres. Aujourd'hui encore, 25 novembre, vous pourriez, Madame, reconnaître la place de ces vingt canons. Les disques de carton qui recouvraient les obus, jonchent encore le sol, chacun en tête du canon qui les a vomis ; et les sillages des roues des affûts sont encore visibles. A douze cents mètres environ de là, sur la droite et sur le même plan , en avant de la Belle-Tour , vint s'établir un pareil nombre de batteries qui tiraient sur les mêmes campements. Groupez derrière et sur les flancs de ces batteries , l'infanterie et les chasseurs de deux corps prussiens , c'est-à-dire deux fois trente-cinq mille hommes , moins la réserve, soit au moins cinquante mille hommes, et vous aurez le centre de l'armée prussienne. Car l'aile gauche, resserrée pas la Meuse entre Létanne et Beaumont, fit centre , et prit part à l'action.

En face de ce centre solide et compact de l'armée allemande, et pour résister à son premier choc, il y avait la division Goze , formée des brigades Saurin et Nicolas, avec les quatrième et dix-neuvième bataillons de chasseurs , et une artillerie qui ne put être mise en œuvre , sauf deux canons, vers la fin de cette première action. Les effectifs réels étaient tellement réduits que d'après le calcul exact fait par plusieurs officiers, nous avons eu de la peine à trouver là cinq mille hommes.

Ils sont à peine cinq mille hommes ! Aucun général n'est présent ; aucun membre de l'État-Major ; aucun ne viendra. Le général de Fontanges seul apparut un instant au début, mais pour enlever une partie des chasseurs à pied et le douzième chasseurs à cheval, à l'effet d'opérer une belle évolution dont j'aurai à parler. Je les vis moi-même aux premiers moments descendre en hâte au lieu dit la Folie, pour remonter vers la ferme de la Harnoterie, qui fut brûlée durant le combat.

Cinq mille hommes contre cinquante mille ! Sans généraux, sans artillerie, sans commandement, à peu près campés en colonnes, occupés à faire la cuisine ou à fourbir leurs armes au moment de l'attaque ! Et ils ont tenu une heure et demie devant le formidable centre de l'armée du Prince de Saxe !

Autant je suis fidèle à narrer nos fautes et à démasquer les vices et les erreurs qui en sont la cause, pour les faire abhorrer, autant je suis heureux, Madame, et vous le croyez sans peine, de constater les qualités qui nous restent, et de célébrer nos grandeurs, qui donnent la main à tant de misères. Nous sommes dans de meilleures conditions que cette armée d'ossements arides que ressuscita Isaïe dans sa vision, sur l'ordre et par le souffle de Dieu. Lors même que nous serions une agglomération de cadavres , nous devrions toujours espérer en Celui qui ramène des portes de la mort ; à plus forte raison devons-nous avoir confiance , puisque nous comptons encore des vivants parmi nos morts.

Oui cela paraîtra incroyable , ces cinq mille , ces soldats de Gédéon tinrent une heure et demie, et à quatre cents mètres !

Le capitaine d'artillerie prussien Wermelskirsch est un des hommes les plus sincères que j'ai rencontrés dans ma vie ; il a de plus toutes les qualités d'esprit et de cœur qui mettent un homme à l'abri de l'erreur dans les choses qui sont de sa compétence.

Or , le capitaine Wermelskirsch m'a raconté ce que je vais dire. Je lui laisse la parole :

« Lorsque nous vîmes la sécurité et l'insouciance du camp français, nous étions chagrins d'être obligés de tirer sur eux sans les avertir. La proposition de le leur faire savoir fut même faite. Mais on observa que surprendre un ennemi est parfaitement conforme au droit de la guerre, et que c'est un avantage dont on doit profiter. Je commandai donc de tirer le premier coup. Il est difficile d'exprimer l'impression qu'il produisit sur le camp français, et les mouvements douloureux qui en résultèrent. Plein de chagrin à la vue de ce qui se faisait, et comme par instinct, pour secouer cette peine, je fis faire à mon cheval un demi-tour de gauche à droite, autour de ma batterie. C'est alors que je reçus un premier chassepot (sic) dans la jambe ; mais je pouvais rester à mon commandement. Environ un quart d'heure après, lorsque les quatre autres batteries furent placées à côté de la mienne, mon cheval reçut un chassepot dans le poitrail, il m'emporta, et me lança à dix pas, ce qui me contusionna la jambe dont je souffre tant. Mais je me relevai et je pouvais encore rester à mon commandement. Après, je reçus un nouveau chassepot, et je pouvais garder encore mon commandement ; mais j'ai reçu un troisième chassepot, et je tombai : on m'emporta et je ne sais pas ce qui s'est passé après.

—Capitaine, combien de temps tout cela a-t-il duré ?

— Eviron une heure.

— Et vos pièces ont-elles tiré bien tôt sur le camp posté au-delà du bourg ?

— Mes pièces n'ont pas tiré un seul coup au-delà du bourg, tout le temps que j'ai gardé mon commandement, c'est-à-dire durant la première heure ; elles tiraient sur les Français qui étaient tout près de nous. »

Tel est le récit du capitaine Wermelskirsch, qui me le fit plusieurs fois, pendant les trois semaines qu'il passa au presbytère de Beaumont, converti en ambulance prussienne.

Un vieillard habitant le hameau de Petite-Forêt, avait affirmé à diverses reprises avoir vu l'infanterie prussienne reculer trois fois et redescendre précipitamment la colline, pour regagner le bois, au début de l'action. Je n'avais pas cru devoir, Madame, vous mentionner ce fait l'an dernier, craignant que mon paroissien n'eût pris quelque mouvement de manœuvre pour une fuite. Et puis, je ne pouvais le croire. Or il n'y a plus à en douter aujourd'hui. J'ai reçu, récemment, grâce à la bienveillance d'une mère désolée et d'une pieuse sœur qui pleurent leur fils et leur frère frappé à mort à Petite-Forêt, un document qui confirme le dire du vieillard. C'est le récit d'un docteur Bauer, publié le 30 décembre 1870, dans le journal allemand de *Halle*. Le docteur y raconte en détails minutieux les faits et gestes de deux bataillons du régiment n° 86, qui avaient tenu garnison à Halle avant la guerre ; et il dit positivement qu'une compagnie qu'il nomme, a lâché pied sous la grêle des balles chassepots qui pleuvaient sur elle, en montant la colline située entre Petite-Forêt et la Maison-Blanche, et qu'elle a reculé vers la forêt.

Au premier coup de canon, chacun de ceux qui ne lâchèrent pas pied sur le champ, sauta sur ses armes. Un pauvre enfant de Beaumont fut emporté par le second obus, au moment où il saisissait son fusil, et tomba sur le sol qui l'avait vu naître. Il était caporal au 11ᵉ de ligne. Sa famille désolée n'a pas eu la consolation de retrouver son corps, ni moi celle de le conduire au cimetière paroissial, où dorment les restes de ses aïeux. Mais le fils du bûcheron Gautier, dont le bisaïeul, qui était charpentier, fut mayeur de Beaumont avant 89, et jugeait des princes en cette qualité, le fils du bûcheron paraîtra au Jugement de Dieu avec les rois et les empereurs sortis de leurs grands tombeaux, avec les ministres et les diplomates sortis de la poussière ; et il témoignera sur la guerre, et son témoignage sera reçu. Il dira que sous le règne égalitaire de 89, ses parents s'attristaient déjà le jour de sa première communion à la pensée de l'horrible conscription ; il dira leurs nombreuses nuits sans sommeil avant ce jour fatal ; il dira leurs angoisses et les siennes, qu'il étourdissait en chantant d'une voix étranglée, lorsque ce jour eut lui ; les gémissements de son père et les cris de sa pauvre mère, lorsque l'on annonça le retour des esclaves appelés conscrits, et que le ruban rouge décorait sa casquette. Il dira l'abomination des cabinets noirs, où les diplomates osent traiter en secret des destinées sanglantes des *masses* (c'est ainsi qu'ils appellent les peuples rachetés par le Christ , dans leur langage cynique, que la presse infâme consacre) ; il dira tout cela , et criera vengeance contre ces hommes sans entrailles qui se prétendent chefs de nations libres , et jouent des centaines de mille vies humaines , au nom d'une égalité ironique ; comme si eux-mêmes n'étaient point hommes, mais plutôt des suppôts de Satan. Adieu, pauvre enfant, à qui j'ai enseigné les immortels commandements de Dieu : — *Homicide point ne seras. — Bien d'autrui tu ne prendras. — Faux témoignage ne diras...*

Auprès de l'enfant du peuple , un homme du monde, son colonel , allait tomber aussi. En l'absence des généraux, le commandement de la division Goze revenait au colonel de Béhagle, du 11ᵐᵉ de ligne. Il le prit , hélas ! pour bien peu de temps. Son régiment avait été campé le plus loin des lignes ennemies ; sa tente, dressée auprès d'un bouquet de chêneaux, dont un fut coupé par un obus. Il n'avait pas quitté sa tente depuis la nuit. Manquant de vivres, il avait partagé , dans la matinée, le café noir de son ordonnance. Au moment de l'attaque, il se porta intrépidement en avant ; et il venait de charger un sous-lieutenant d'infanterie (!) du soin d'une des pièces ensevelies dans la vallée Damc-Ponce, lorsqu'une balle, partie, à cinq cents mètres, des environs de la Maison-Blanche , lui traversa le foie et les reins. Il montra, au dernier jour d'une carrière honorablement fournie , qu'il ne portait pas l'épaulette pour en faire parade , ni l'épée pour de l'argent. Il tomba, soldat chrétien, fidèle à ce qu'il estimait être son devoir. Au jour du jugement, il ne témoignera pas, comme le fils du paysan, sur la conscription, ni sur la guerre, questions auxquelles , soldat volontaire , il ne songea point pendant sa vie. Mais il montrera sa blessure , et il témoignera sur le devoir de ceux qui sont responsables de la vie de leurs soldats. Et son témoignage sera reçu.

Au reste, le commandement général n'était pas possible. Les cinq mille hommes tiraient comme ils pouvaient ; les premiers, couchés d'abord , tant pour échapper aux éclats d'obus et à la mire d'un ennemi dix fois plus nombreux, que pour laisser à ceux qui les suivaient la faculté de tirer ; puisque, comme je l'ai dit, ils étaient tous disposés en colonnes plutôt qu'en lignes. Pour tout commandement, on n'entendait que ces mots : En avant, mes amis, en avant ! — A cinq cents mètres ! à quatre cents mètres ! — Rectifiez ! trois cent cinquante ! — En certains endroits, ils s'abritaient derrière de petits talus, d'où ils entretenaient un feu plus vif. Le 86ᵉ, le 61ᵉ et le 68ᵉ étaient les plus rapprochés des batteries ennemies. Le 11ᵉ et le 46ᵉ qui étaient derrière eux, et plus près du bourg, avancèrent, et se déployèrent aussi en tirailleurs. Nous avons retrouvé des morts de ces deux régiments, à plus de cinq cents mètres en avant de leur campement. En cherchant récemment le corps d'un jeune homme, d'un enfant, qui portait encore sa tunique de Saint-Cyr, le fils du lieutenant-colonel du génie Potel, je trouvai un lieutenant du 61ᵉ qui a été frappé à mort sur le plan même des lignes prussiennes, et plutôt au-delà qu'en deçà. Les Prussiens l'ont enterré côte à côte avec un des leurs. Le 46ᵉ et le 11ᵉ firent des merveilles, et sillonnèrent plus de quinze cents mètres sans reculer. On retrouva leurs cartouches en plus de dix endroits, et leurs morts nombreux dans des fosses explorées. Pour donner une idée de cette lutte sanglante, il suffit de dire que le lieutenant-colonel Paillier, commandant le 68ᵉ, atteint lui-même de deux éclats d'obus, vit tomber ses trois chefs de bataillon, perdit trente officiers et sept cent cinquante trois hommes tués ou blessés !

Les deux colonels présents au combat furent tous deux blessés : M. de Béhagle, mortellement, M. Berthe, du 86ᵉ, grièvement. Le brave commandant de Lacvivier, du 46e, tomba, à la fin de cette première action, la mâchoire traversée de part en part. Quelques heures après, le lieutenant Palazzi, porté sur un brancard, le vit, assis à quelques mètres du Pont-des-Merlins.

Le Pont-des-Merlins ! c'était un glorieux souvenir pour nous, Madame !

« En 1636, c'est-à-dire au temps que Beaumont avoit encore ses quatre portes et ses murailles de dix pieds d'épaisseur, en 1636, le vendredi 18 juillet, jour de saint Arnould, les Allemands, conduits par son Excellence le comte d'Hambourg, se présentèrent à Beaumont sur le point du jour avec pétards et eschelles ; vindrent tête baissée à la Porte-au-Pont, avec haches et *merlins* pour rompre les bases, et pétards pour attacher aux portes. Mais ils ne purent pas longtemps séjourner en ce lieu, pour les balles qui les environnoient en gresle. Donc contraints d'abandonner la place et les autres instruments propres à foncer la porte,..... » — c'est-à-dire leurs *merlins ;* d'où est venu le nom de *Pont-des-Merlins,* où fut blessé le commandant de Lacvivier.

En avant de la Belle-Tour et des batteries qui y furent dressées, la compagnie d'avant-postes du capitaine Lepape (17e de ligne), assaillie dès le commencement de l'action, fit feu vers la ferme, d'où avait débouché l'ennemi par le chemin de la Fontaine-au-Fresne ; et les balles tombaient sur le toit si serrées et si drues, que la fermière et son frère, réfugiés dans leurs greniers, se demandaient l'un à l'autre si le temps s'était mis à l'orage, et s'il grêlait.

Les tirailleurs du 46ᵉ et du 11ᵉ secondaient la riposte de ce côté.

Le feu du 61ᵉ, du 68ᵉ et du 86ᵉ était surtout dirigé vers le petit hospice de Beauséjour. C'est là que se trouvaient les cinq batteries qui tirèrent les premières, et dont l'une était à quelques mètres en avant du mur du jardin, rempli lui-même d'infanterie et d'officiers à cheval. Les fenêtres ouvertes de la maison laissaient voir aussi des fusiliers, et une vitre brisée dans le toit, par où l'on ne pouvait tirer, mais très-bien observer, prouve que la maison avait été choisie comme poste d'observation.

M. de Geyer d'Ort, lieutenant du 61ᵉ, blessé et soigné ensuite à Beaumont par la fondatrice du petit hospice, apprenant que la Maison-Blanche, comme il l'appelait, était sa demeure, lui disait : Il n'a pas tenu à nous que votre maison n'existât plus. Nous avons tiré sur la Maison-Blanche sans discontinuer pendant plus d'une demi-heure ; le jardin et la maison étaient remplis de Prussiens ; et leur artillerie était là. En effet, le mur du jardin porte encore les traces de plus de deux cents balles. Les premiers chevaux qui tombèrent demeurèrent dans le jardin jusqu'au troisième jour ; deux étaient gisants de chaque côté de la porte d'entrée, et l'on reconnaît encore aujourd'hui (25 novembre) les endroits où ils gisaient, parce que l'herbe y manque. Elle a été brûlée par ordre du docteur prussien qui occupait le petit hospice, transformé en ambulance pendant la bataille même.

La fusillade ne fut pas seule dirigée de ce côté. L'artillerie française, postée au-delà du bourg, derrière le Moulin-à-vent, envoya aussi ses projectiles vers la Maison-Blanche. Le sol est encore jonché de fragments d'obus français, à quelques mètres du jardin et de l'étable, et le mur même du jardin a été traversé par la moitié d'un obus qui avait éclaté auparavant. Toutefois, la Maison-Blanche fut épargnée : Dieu ne permit pas que l'humble hospice apostolique fût détruit, ni même endommagé par le fer et le feu qui pleuvaient autour de lui.

Pour juger de la vigueur avec laquelle les cinq mille se défendirent et résistèrent à ce premier choc de l'armée du Prince de Saxe, il vous suffira de savoir que le capitaine Wermelskirsch m'a dit avoir perdu, pendant le temps qu'il garda son commandement, c'est-à-dire pendant la première heure seulement , *vingt-quatre chevaux et vingt-six hommes de sa seule batterie* , et que les seules fermes de Pont-Gaudron et Beaulieu, de la Belle-Tour , de la Tuilerie , et la Maison Blanche , situées toutes en arrière du champ de bataille , contenaient le soir près de onze cents blessés prussiens. Or on n'y porta que les premiers atteints ; les autres furent transportés à Beaumont.

Les pertes des Prussiens , au dire du roi de Prusse dans sa dépêche , furent *modérées* , ou *moyennes* , à la bataille de Beaumont. Cela peut être vrai, eu égard au nombre de troupes engagées. Mais en elles-mêmes , elles furent grandes et importantes. Au presbytère seulement, transformé en ambulance, sur quatre-vingts Prussiens qu'on y compta le soir , il y avait quatorze officiers, dont le colonel Hasse, qui mourut la même nuit. Chez le Maire, il y avait un général blessé d'une balle au bras : M. le curé de Létanne l'a vu et a causé avec lui. L'étage de la Mairie, très-vaste , était occupé par des officiers prussiens ; et il y en avait encore dans des maisons privées, entre autres un lieutenant du nom de Bismarck, parent du ministre. Et la plupart des blessés de cette journée le furent dans la première attaque.

Dans le document du docteur Bauer, cité plus haut, je trouve ces chiffres éloquents à la fin de son récit : Total des pertes du 1er bataillon du régiment n° 86, éprouvées *le jour de la bataille* : 227 hommes, 11 officiers, et 9 chevaux.

La petite troupe des Français, comme vous le devinez aisément, avait payé cher les pertes qu'elle avait fait subir à l'ennemi. Dans une seule salle de l'ambulance des Sœurs, qu'on appelait déjà la salle des officiers, il y en avait le soir vingt-sept. C'est là que je vis M. de Béhagle, et que je lui adressai quelques paroles, auxquelles il répondit difficilement, mais en brave et en chrétien. Le commandant Mathys était aussi chez les Sœurs, dans une autre pièce. Le commandant de Lacvivier gisait sur la paille, dans une grange ; le commandant Bonnet était à l'église, sur la paille aussi, et sur le marche-pied même de l'autel majeur.

Revenons et achevons en peu de mots le premier acte du drame de Beaumont. Il ne pouvait durer plus longtemps. Il y avait cinq quarts d'heure que plus de quarante bouches à feu ne cessaient de tirer sur les cinq mille hommes, que la fusillade de quarante mille Prussiens les accablait en avançant tardivement et lentement, il est vrai ; mais ils allaient être enveloppés. Ce qui restait de la petite troupe dut se replier. Ici, la vérité m'oblige à mentionner un fait pénible. Un certain nombre, blessés et non blessés, furent faits prisonniers à Beauregard. Un de mes paroissiens vit avec un sentiment de douleur, des officiers français non blessés, après avoir déposé leur épée à terre, s'avancer tremblant devant les Prussiens qui les poursuivaient, et leur dire en tenant dans leurs mains leur porte-monnaie : c'est tout ce que j'ai....

Tous ceux qui furent pris à Beauregard n'agirent pourtant point ainsi. Au moment ou l'on se repliait, un jeune lieutenant, M. de Séjourné, s'entendit appeler par son nom : c'était le capitaine Grammatica, blessé, qui le suppliait de l'aider à marcher, afin de ne pas tomber entre les mains de l'ennemi. Il s'approcha de son ami, l'aida à se relever avec son ordonnance ; tandis qu'il était occupé à lui rendre ce pieux service, il fut frappé lui-même d'une balle à la gorge, et après avoir fait quelques pas, il tomba et fut aussi pris à Beauregard.

Le plus grand nombre de ceux qui échappèrent à la mitraille et à la fusillade du centre de l'armée allemande, eurent le courage et la présence d'esprit d'opérer une retraite en règle. « Je ne savais pas ce que c'était que de battre en retraite, me disait un de mes paroissiens ; mais je l'ai vu, et c'est très-beau. J'étais à la fenêtre de mon grenier, d'où je regardais la bataille. Les Français montaient par ici des

Fourches , sur Gloriette. Les premiers tiraient sur les Prussiens , puis ils couraient en rechargeant leurs fusils derrière les autres ; ceux qui suivaient en faisaient autant , et ainsi de suite ; je les ai vus faire ce manége tout le long de la côte de Gloriette, et ensuite traverser la vallée pour gagner la couture de Mouzon (située du côté de Mouzon). ».

Il était plus de deux heures , lorsque les troupes prussiennes , sous lesquelles avait plié sanglant et trois fois décimé le petit corps français, descendirent les collines du haut desquelles elles avaient commencé l'attaque, et parurent en vue de Beaumont. Les noirs flots de cette armée déjà victorieuse inondaient et couvraient littéralement les mamelons du Haut-Enclos et de Gloriette. Fort peu traversèrent le bourg , c'était prudence ; et la plupart passèrent des deux côtés pour monter au nord de Beaumont. L'artillerie suivait à fond de train. Les batteries placées d'abord en avant de Belle-Tour, vinrent s'embosser quelques instants à gauche de Gloriette ; celles de la Maison-Blanche firent également une courte pause sur la hauteur de l'Aunoie , puis vinrent se placer sur la route du Chesne. L'artillerie saxonne , à l'aile droite , tonnait en même temps du haut des Gloriettes vers Létanne , secondée de la fusillade qui partait des garennes voisines, jusqu'à ce qu'elle descendit au galop des chevaux ces pentes rapides , pour se porter au nord de Beaumont. Entretemps, les batteries des Bavarois à l'aile gauche continuaient le feu engagé depuis longtemps déjà contre les chasseurs et l'infanterie transportés dès le commencement de l'action à la Harnoterie par le général de Fontanges. Un peu au couchant, à la Thibaudine et au-delà , le reste de l'aile gauche tourmentait les équipages du VIIe corps, escortés par le 3°, le 21e et le 47e de ligne, qui se trouvèrent ainsi à la bataille, deux fois surpris.

Le corps de Douai fut en effet surpris, comme le corps de Failly , à la bataille de Beaumont. Seulement , comme il était en marche , il précipita sa fuite , et perdit peu de monde. Dès onze heures du matin , après le départ d'Oches , l'arrière-garde avait dû, de la hauteur de Stonne, lancer quelques volées de canon aux hulans qui la harcelaient. On avait ensuite marché plus rapidement jusqu'à la Besace. Mais là , une brigade du Ier Bavarois , débouchant à la Bagnole , les atteignit et les talonna littéralement jusqu'à Raucourt, tandis que le reste des Bavarois tombaient sur les convois et l'escorte à la Thibaudine et à Warniforêt.

Ce fut à cette heure que la bataille devint générale, et que cette terrible musique de plus de trois cents canons hurlant dans une sorte de rage, avec le lourd grincement des mitrailleuses pour basse et le pétillement de la fusillade pour octave aiguë, fit entendre toutes les notes de sa gamme infernale, épouvantant au loin les hommes, les animaux, et jusqu'aux oiseaux de l'air.

O Madame, encore une fois, de quels crimes épouvantables les peuples doivent s'être rendus coupables les uns contre les autres, pour avoir le droit de se donner de pareils concerts !

25 novembre 1870,
En la fête de sainte Catherine, noble et savante Vierge qui reçut la mort sur la roue, sans songer à la donner.

HUITIÈME LETTRE.

LA BATAILLE (*suite*).

——

Madame,

On dit que , à Mouzon, l'État-Major général et les chefs de corps n'étaient point effrayés, étaient même peu émus , aussi bien que l'armée elle-même. Là, on gardait la même insouciance , la même insensibilité que l'État-Major et le corps de Failly avaient montrées à Beaumont durant la matinée. Certes , ils avaient entendu à Mouzon tous les coups de canon depuis le premier ; le temps était calme , le soleil mat , et le vent du midi leur apportait chaque détonation des obusiers comme chaque éclat de la fusillade, répercutés par les nombreux échos des vallées et des montagnes, dont les plus élevées dominent Mouzon et la Meuse. Cette insensibilité , qui engendra l'oubli des règles les plus élémentaires de la guerre comme les dictées les plus rudimentaires du sens commun, est en vérité plus effrayante que toutle reste, et il n'est pas étonnant que ce jeune officier blessé , qui avait conservé ses souvenirs classiques , répétât souvent : *Quos vult perdere Jupiter dementat.*

Il n'avait pas fallu beaucoup de temps au général de Failly pour constater qu'il avait affaire à une armée considérable. Aussi sa première estafette , demandant du secours, entrait dans Mouzon sur un cheval blanchissant d'écume, dès une heure après-midi. Le premier général qu'elle rencontra lui répondit négligemment : « Vous êtes assez de monde. »

« Chez nous, cassé infâme, » me disait le capitaine Wermelskirsch , que je cite ici textuellement , « chez nous, cassé infâme , le général ou le plus ancien officier qui, entendant le canon, ne part pas aussitôt ventre à terre avec tout son monde vers l'endroit où il se fait entendre. Au combat de Belval-Bois-des-Dames, j'étais au bivac le plus ancien officier, lorsque nous avons entendu le canon je commandai à l'instant à mes artilleurs de partir ventre à terre , et je partis moi-même ventre à terre, pour aller avertir mon général et demander ses ordres. »

Le capitaine ajouta que cette règle est écrite

partout. En effet, il ne faut qu'un grain de bon sens pour comprendre qu'il n'en peut être autrement.

Tandis que cette réponse se faisait à Mouzon, à huit kilomètres de Beaumont, une brigade de la Garde qui était encore à Verpel, à vingt kilomètres du champ de bataille, derrière Buzancy, entendait aussi le canon ; et immédiatement, m'a dit un témoin oculaire, toutes les troupes prussiennes et notamment l'artillerie partirent comme un ouragan, en poussant des cris terribles. Cependant, il était difficile à ces corps de croire qu'ils arriveraient à temps pour prendre part au combat ce jour-là !

Il fallait moins d'une heure pour amener de Mouzon vingt mille hommes sur le champ de bataille de Beaumont, et pour envoyer dire au corps de Douai de faire face au lieu de tourner le dos. Quatre chemins y conduisaient : celui de Beaumont, au milieu, celui d'Yoncq, celui de Létanne se bifurquant au-delà de Villemontry, vers la Sartelle et le haut du bois de Failly, et vers le mamelon de Sainte-Hélène.

Au moment donc où les Prussiens traversaient la vallée de Beaumont, vingt mille hommes de l'armée de Mac-Mahon pouvaient apparaître sur les hauteurs, au nord de Beaumont, et le corps de Douai donner la rescousse à l'ouest.

Je puis et je dois ici le dire : il est impossible de choisir ou de trouver pour vaincre , ou échapper à une défaite, un lieu plus favorable que Beaumont-en-Argonne. Et si nous ne l'avions pas choisi , nous l'avions trouvé , et nous en étions les maîtres.

Vous vous êtes aisément rendu compte , Madame , des collines qui défendaient , au midi de Beaumont, les issues de la forêt.

Elles sont peu de chose, en comparaison de la nouvelle ligne de hauteurs qui bornent au nord le territoire de ma paroisse. Celles-ci, en effet, sont beaucoup plus élevées.

A la lisière de la forêt, un mouvement rapide avec un grand sacrifice d'hommes, aurait pu, à la rigueur , enlever les positions aux Français, si ceux-ci les avaient occupées. La vallée , étant très-étroite, prêtait à la fois ou à l'écrasement de l'ennemi, ou au succès sanglant d'une sorte d'assaut donné par lui. Mais les hauteurs qui couronnent Beaumont au nord sont quatre fois plus élevées, et l'on y monte par une pente de près de trois kilomètres. De plus, elles sont appuyées, pour les trois quarts, sur des bois.

Tous les tacticiens qui étudieront dans l'avenir le champ de bataille de Beaumont, depuis la lisière de la forêt au midi, jusqu'à la couronne septentrionale des hauteurs que je viens d'indiquer, seront dans la stupéfaction. Et ils ne pourront que redire le chant divin d'Isaïe : *Sanctus, Sanctus, Sanctus Dominus Deus Sabaoth !* Infiniment saint, infiniment supérieur aux choses humaines, et maître du temps comme de l'éternité, est le Seigneur, le Dieu des armées et des batailles ! — Paroles qui ne signifient pas, comme les niais modernes le croient, ou feignent de le croire, que Dieu veut ou encourage l'injuste effusion du sang, mais qu'il préside aux destinées des nations, même en guerre ; et qu'il donne ou abandonne la victoire à qui il lui plaît, selon les dispositions de sa justice ou de sa miséricorde.

La victoire des Prussiens à Beaumont n'a tenu qu'à un fil, et par conséquent le sort de l'Empereur à Sedan, le sort de l'armée de Mac-Mahon, et le sort même de la France. Ce fil, Madame, je vais vous le mettre dans la main.

A deux heures, les Prussiens, qui ont culbuté les premiers Français, la petite troupe de Gédéon, sur le penchant des collines de la Maison-Blanche, de Petite-Forêt et de Belle-Tour, sont au fond de la vallée où se détache Beaumont, comme en relief, sur un monticule. L'artillerie française quitte alors, à regret, le monticule du Moulin-à-vent, superposé au monticule sur lequel est assis Beaumont. Cette artillerie recule en se déployant lentement, sans cesser son tir, qui devient, par l'adjonction des mitrailleuses, utiles en ce moment, vraiment redoutable à l'armée prussienne. L'infanterie précède l'artillerie dans ce mouvement de retraite offensive ; et la situation est tellement bonne, que le centre de l'armée allemande, trois fois plus nombreuse et munie d'une artillerie supérieure en nombre et en qualité, hésita quelque temps, sans doute par prudence, pour ne pas s'exposer à gravir une longue pente à découvert. Elle mit près d'une heure et demie à faire reculer alors de deux kilomètres l'armée française, déjà une première fois battue, et la contraindre à se rejeter au-delà des hauteurs de Failly, de la Sartelle, des Minières et de la Harnoterie, pour gagner Mouzon par Yoncq et Villemontry.

Quoi qu'il en soit , si seulement quinze mille hommes avec une dizaine de batteries , étaient venus occuper ces hauteurs vers deux heures et demie, vous sentez que la face des choses eût immédiatement changé. La force numérique eût été moins inégale, et les avantages immenses de la position auraient fait le reste. L'armée prussienne, dont certains corps plièrent un instant devant les douze ou treize mille combattants du corps de Failly (la cavalerie n'a pas donné), eût été refoulée et culbutée dans la vallée. Dieu ne le voulait pas ; et pour atteindre sa fin, qui était, en laissant choir le second empire, d'humilier la nation française , pour l'amener à la conversion par l'humilité, première condition du repentir, il n'eut qu'à laisser faire, et à abandonner les chefs de l'armée française à l'esprit d'hésitation, à l'oubli des premiers principes de l'art militaire, qui sont les conséquences fatales de l'insensibilité et de la cécité intellectuelle et morale, fruit mûr, en 1870, des principes de 89.

Le mouvement dont je parle était si naturel, et d'une nécessité si évidemment élémentaire , que quelqu'un , à Mouzon , l'entrevit un instant, comme un malade atteint de la cataracte a, par moment, la perception, et un aveugle , la sensation de la lumière. Des hauteurs de Baybel, vers une heure , l'Empereur qui voyait la bataille , avait mandé Mac-Mahon , qui était monté avec une dizaine de guides. On entendit l'empereur crier : « la division Lacretelle ! » on vit s'ébranler cavalerie , infanterie , artillerie, et l'on crut un instant que l'armée allait prendre la direction de Beaumont.

Mais ce mouvement avorta. Pour quelles causes ? Je l'ignore. Les uns disent qu'il y eut contre-ordre , lorsqu'on eut traversé lentement et péniblement la ville , et que l'on vit paraître sur la hauteur de Villemontry , les bourgeois de Beaumont et les premiers fuyards du corps de Failly : ceux qui n'avaient pas combattu ; les autres que le mouvement expira comme de lui-même, faute de commandement, d'énergie , de souffle ; semblable au mouvement d'un malade affaibli par la phthisie : la phthisie du progrès ; ou à ceux d'un cheval fourbu : le cheval fourbu de 89.

Un seul régiment de cuirassiers passa la Meuse au gué du Pré-des-Bœufs, et alla jusqu'au mont de Brenn, à un kilomètre, puis il revint pour y retourner plus tard, comme nous le verrons. Des mitrailleuses s'engagèrent dans la rue de la Cabrette, qui aboutit à un cul-de-sac. M. Poullet, père du colonel Poullet, et juge de paix de Mouzon, de qui je tiens le fait, en avertissait les artilleurs , qui rebroussaient chemin. Mais ceux qui venaient ensuite enfilaient la même rue, et c'était à recommencer. Ce manége dura environ une demi-heure ! Bref, je l'ai dit, le mouvement avorta. Cependant, il y avait à Mouzon le gué du Pré-des Bœufs, le pont du faubourg, un pont volant construit le matin à deux kilomètres, en face de Villers-sous-Mouzon ; il y avait le gué d'Alma , dont les abords avaient été le matin préparés par le génie, à dix minutes des avant-postes du XIIe corps (41e de ligne et mitrailleuses), et à dix minutes de Létanne ! Il y avait l'infanterie de marine qui frémissait d'impatience et murmurait tout haut d'être condamnée à l'immobilité. Enfin le général Ducrot faisait l'offre de venir soutenir le XIIe corps à Mouzon!

Si l'on ne voulait ou ne pouvait aller jusque sur les hauteurs au nord de Beaumont, que ne venait-on, du moins, à mi-chemin, à deux ou trois kilomètres, occuper les hauteurs de Ville-montry, du Bois-Lion, du Faîté, de la Hamelle, de Pouron, un véritable troupeau de collines boisées, du dos desquelles on eût écrasé, très-probablement, arrêté certainement, avec des troupes fraîches, les Prussiens harassés à la fin de la journée, et évité qu'elle finit par la déroute, et la démoralisation qui s'en est suivie.

Trois officiers supérieurs se trouvaient dans un salon de Mouzon ; l'un d'eux était au piano : il continuait à en toucher tandis que la canonnade redoublait. Il ne cessa que sur la prière ferme, pour ne pas dire sur l'injonction de son hôtesse. La même personne leur dit : Pourquoi ne vous portez-vous pas sur le champ de bataille ? — Il répondit : Nous ne recevons pas d'ordres. — Comment aurait-il pu en recevoir, dans un salon, lors même qu'on en aurait donné ?

Leur hôtesse, dame polie, mais énergique, insista plus d'une fois, dans l'après-midi, pour les déterminer à rejoindre au moins leur campement ; ce fut en vain. A trois heures , perdant patience, et entendant la rumeur croître dans la ville , elle sortit , et s'avança jusqu'à la rue de l'église. Là , elle vit un général à cheval, qui venait du champ de bataille. Elle agita son mouchoir pour attirer l'attention du général , et lui dit : Il y a chez moi des officiers supérieurs qui ne veulent pas sortir de ma maison. Ne devraient-ils pas être à leur poste ? — Quel malheur ! répondit ce général. — Elle revint, et dit aux officiers : Si vous ne sortez à l'instant de chez moi, je vais ouvrir mes fenêtres, et je crierai de toutes mes forces : « Il y a des officiers supérieurs qui se cachent dans ma maison. » Ils sortirent ; mais les jambes d'un d'entre eux fléchissaient sous lui ; et il se cramponnait, en descendant, à la rampe de l'escalier.

C'en était fait. La bataille de Beaumont était perdue.

Un peu après trois heures , les Français du corps de Failly étaient délogés des hauteurs de la Sartelle, des Minières, et de la Harnoterie qui flambait, après plus de deux heures de résistance sous le commandement du général de Fontanges, comme pour éclairer la victoire des Prussiens et la honte de leurs adversaires.

En ce moment, vers trois heures un quart, à Sommauthe, sur un des plus hauts sommets qui commencent de ce côté la chaîne argonnaise, et d'où l'on domine une partie de la forêt d'Argonne, vaste mer de verdure, entrecoupée de promontoires, parsemée de vallons, de prairies et de champs fertiles, le Roi Guillaume avait tout vu, assis dans un fauteuil, ayant auprès de lui de Moltke, Bismarck et son État-Major général. Un signe fut fait; l'orchestre fit entendre une musique harmonieuse, pour flatter l'oreille du vainqueur, et étouffer peut-être les gémissements et les cris des mourants qui lui donnaient la victoire.

A la même heure, une autre musique retentissait à quatre lieues de là; c'était un bal improvisé au bord de la Meuse, dans la prairie de Remilly, en face de Bazeilles, et donné par les soldats français aux femmes et aux filles des villages voisins que la curiosité avait amenées sur leur passage. Il cessa au moment où la canonnade se rapprochait de la vallée de la Meuse, et où les éternels hulans, arrivant en éclaireurs, sur la montagne de Remilly, furent aperçus, immobiles et sévères, contemplant cette parade insensée.

A la même heure encore, l'Empereur, à cheval au point culminant de la route de Mouzon à Carignan, d'où l'on peut contempler à la fois ces deux jolies villes et les deux vallées de la Meuse et de la Chiers, que Louis XIV appelait deux des plus belles de son royaume ; l'Empereur, voyant déboucher par tous les chemins les débris du corps de Failly en déroute, ouvrit la bouche pour dire à son escorte ces mots étranges : « Tout va bien. » Puis il tourna bride, et se dirigea sur Carignan.

Cette parole stupéfiante, prononcée au milieu de cette scène, à laquelle elle donne le cachet définitif d'une Danse Macabre, m'avait été rapportée l'an dernier. Mais elle m'avait paru tellement impossible, que je n'avais pas osé vous l'écrire. Quel fut mon étonnement, en la trouvant authentiquée dans la « *Journée* de Sedan » par le général Ducrot ! Vous pouvez lire, en effet, à la page 96, dans le journal de Marche, ce qui suit :

« ... Le général Ducrot envoya au maréchal Mac-Mahon un de ses aides-de-camp... Au bout d'une demi-heure, le général recevait de son aide-de-camp un billet lui annonçant *qu'il avait rencontré l'empereur se dirigeant sur Carignan*, et que *tout allait bien*. » *!!!*

Il me reste peu de chose à ajouter pour achever le récit de la bataille, bien qu'elle ait encore duré plus de quatre heures après l'abandon des hauteurs qui dominent Beaumont vers le Nord, puisqu'elle ne se termina qu'à la nuit.

A l'aile gauche, les Bavarois poursuivaient, comme je l'ai dit, les convois du VII° corps, les régiments leur servant d'escorte, et le VII° corps lui-même, qui se dirigeaient vers Mouzon par Yoncq ou Raucourt, et de là par Remilly ou Autrecourt. Cette aile gauche, en débouchant, à la Thibaudine, dès le commencement de l'action, avait surpris à deux cents mètres de cette ferme, un régiment que je crois être le 47° de ligne ; les soldats se reposaient sur l'herbe d'un pré fermé de haies, lorsque les cavaliers bavarois accoururent sur eux. Il y eut cependant résistance, car entre deux et trois heures le combat durait encore dans le bois dit le Boschet d'Yoncq, à cinq minutes de la Thibaudine. C'est là sans doute et à cette heure que tomba un noble enfant, Georges Crozet de la Fay, engagé volontaire depuis quelques jours. C'est là, du moins, qu'on le vit pour la dernière fois en ce monde. Il adossait contre un chêne un de ses camarades blessé à ses côtés, et glissait une poignée de mousse entre la tête et l'arbre, en guise d'oreiller. La balle ennemie l'aura frappé à son tour, et les Bavarois l'auront enterré avec les leurs, la nuit suivante, sous les broussailles discrètes. Georges Crozet de la Fay venait d'avoir ses dix-neuf ans ; il sortait du collége au commencement d'août, lorsqu'il apprend la nouvelle de nos premiers désastres. Il s'engage, communie, donne un repas aux soldats du peloton dont il faisait partie, dit adieu à sa mère inconsolée, et vient ici donner son sang vingt jours après. *Exemplum forte relinquens.*

A la Harnoterie et dans les garennes voisines, l'infanterie française, c'est-à-dire le 19ᵉ bataillon de chasseurs et quelques compagnies du 27ᵉ de ligne, qui avait alors l'artillerie bavaroise en face, à moins de trois cents mètres, et d'autres canons du IVᵉ Prussien à cinq cents mètres sur la Fosse-Toussaint, ne lâcha pied qu'après trois heures. L'aile droite, XIIᵉ Saxon, avait fait centre d'abord, et dirigé les feux de son artillerie et de son infanterie du haut des gloriettes de Létanne sur les Français qui remontaient vers les hauteurs de Failly et de la Sartelle, d'où plusieurs de leurs batteries tirèrent assez longtemps avant de se retirer par les bois sur Villemontry et Mouzon. Vingt-quatre pièces de l'aile droite vinrent s'embosser, après trois heures, sur la colline de Sainte-Hélène, d'où elles tirèrent jusqu'à la nuit sur les avant-postes de l'armée de Mac-Mahon, postés de l'autre côté de la Meuse ; les uns au bois récemment défriché de Senéval, en deçà de Moulins, les autres le long de la rivière dans les bois d'Alma. Une batterie ennemie alla même s'établir auprès des Trois-Fontaines de Villemontry, à moitié chemin de Létanne, sur la rivière, pour essayer de faire taire la fusillade et deux mitrailleuses des avant-postes du Bois d'Alma, qui firent beaucoup de mal aux Prussiens, au moment où ceux-ci poursuivaient les Français, en suivant le chemin de la Sartelle à Villemontry. Le reste du corps de Failly, qui avait concentré la plus forte partie de son artillerie, en dernier lieu, sur les hauteurs des Minières, recula d'abord vers la colline boisée du Faîté, où elle ne put prendre position, serrée de trop près par l'ennemi. Elle dut laisser là la plupart des canons qui furent pris à la bataille de Beaumont ; continuant sa course, elle vint occuper le Mont-de-Brenn, qui a une longueur d'environ deux kilomètres et dont la partie septentrionale vient mourir au faubourg de Mouzon. C'est là qu'eut lieu le dernier engagement sérieux de la journée, entre le corps de Failly ou ce qui en restait alors, et l'armée du Prince de Saxe. Les Prussiens trouvant bonne la position du Faîté, hauteur boisée qui domine le Mont-de-Brenn, s'y établirent ; et la canonnade et la fusillade retentirent de nouveau des deux parts. Il se passa alors un fait qui mérite d'être cité. Le 5me régiment de cuirassiers, qui, vers une heure, avait seul de toute l'armée de Mac-Mahon traversé la Meuse en aval de Mouzon, avait poussé jusqu'au Mont-de-Brenn et s'était ensuite rapproché de la ville, retourna alors au Mont-de-Brenn, pour protéger l'infanterie et l'artillerie du corps de Failly. Pendant le combat, il reçut l'ordre de charger contre les Prussiens au Faîté. Cette charge parut aussi inutile que dangereuse au colonel, M. de Contenson. Il en fit l'observation, disant à son général : Vous nous faites massacrer inutilement. L'ordre fut maintenu ; il obéit et chargea à la tête de son régiment, qui fut écharpé. Lors de la seconde charge, aussi inutile et aussi meurtrière que la première, estimant qu'il avait assez fait pour remplir le devoir de l'obéissance, il donna l'ordre de sonner la retraite ; au même instant, il fut blessé à la tête mortellement. Il avait rempli son devoir et sauvé une partie de ses soldats.

En même temps, tombait pour ne plus se relever, le commandant Brincourt, parent du général, de Sedan ; celui-là mourut, du moins, avant d'être témoin de la honte attachée à jamais au nom de sa ville natale.

Au bout d'une heure, vers six heures du soir, le corps de Failly ou plutôt ce qui en restait fut délogé de sa dernière position, et les Prussiens occupèrent le Mont-de-Brenn d'où ils dirigèrent leurs feux vers le moulin du Ponçay, Autrecourt et Villers, par où fuyait une partie des

Français avec l'intention de passer la Meuse sur
le pont-volant dressé par le génie le matin dans
un autre but. Il y eut là aussi de nombreux
morts et blessés; et l'on en comptait plus de cent
cinquante aux ambulances d'Autrecourt et du
Ponçay. Cependant, au commencement de l'engagement du Mont-de-Brenn, l'armée de Mac-
Mahon avait tenté de sortir de la ville et d'aller
enfin devant l'ennemi ; mais il était trop tard.
Elle rencontra le gros des fuyards français qui
accouraient par tous les chemins, et les caissons
et les équipages, ceux du moins qui échappèrent aux Prussiens. Il fut impossible aux troupes
fraîches d'avancer : il y eut un tumulte indes-
criptible ; et c'est à grande peine que l'on put
rentrer dans Mouzon. La circulation était tellement difficile sur le pont de la Meuse, entre le
faubourg et la ville, qu'il y eut des pères de
famille qui durent demeurer sur les trottoirs du
pont une demi-heure durant, en tenant leurs
petits enfants élevés au-dessus de leur tête. Des
voitures du train, pressées de courir se mettre
en sûreté de l'autre côté de la Meuse, et voyant
le pont encombré, tentèrent le passage de la
rivière en aval, et y périrent corps et biens.
L'expression de la dépêche du Roi de Prusse à
la Reine : « Armée de Mac-Mahon refoulée, au-
delà de la Meuse, » est d'une exactitude par-

faite. On se contenta, des hauteurs au-delà de Mouzon , de tirer le canon sur les Allemands. Peu s'en fallut que l'armée du Prince de Saxe n'entrât dans Mouzon le soir même. Il y eut une lutte sanglante dans le faubourg même de la ville. Les Prussiens s'en emparèrent, y logèrent le soir et établirent leur corps de garde, pendant la nuit , dans une des maisons les plus rapprochées de la tête du pont. Les Français dressèrent en hâte deux barricades, aux deux extrémités du pont. C'était pour assurer la fuite nocturne de l'armée de Mac-Mahon , pourtant à peu près intacte encore, sauf le corps de Failly ! car je vous l'ai dit, Madame, Dieu nous abandonnait. Vous en avez eu deux preuves dans cette fatale journée du 30 août, deux preuves lamentables : la surprise incroyable du corps de Failly au début de l'affaire , et l'inaction plus incompréhensible encore de l'armée de Mac-Mahon pendant la bataille. Hé bien ! ces deux marques de notre aveuglement vont pâlir devant la troisième.

Je vous ai décrit les hauteurs qui couronnent Beaumont au nord. Celles qui couronnent de même Mouzon au nord, au-delà de la Meuse , sont plus élevées encore , et presque inexpugnables , notamment celles qu'on appelle les Horgnes. C'est sur les Horgnes que Lafayette et ensuite Dumouriez avaient dressé leur tente en 92, avec moins de vingt mille hommes, pour défendre aux quatre-vingt-dix mille Prussiens du duc de Brunswick de tourner l'Argonne! L'emplacement de cette tente , marqué par une vingtaine de bouleaux en relief sur les Horgnes, existe encore ; et c'est une des premières curiosités du pays que j'ai visitée il y a vingt ans. Qui savait dans l'armée française qu'elle existât ou qu'elle eût existé là ?

L'armée de Mac-Mahon occupe cette longue et haute forteresse naturelle de hauteurs depuis Amblimont jusqu'à Moulin et Vaux-lé-Mouzon. Elle va les abandonner , cette nuit même ! Elle laissera derrière elle le pont de Mouzon sans le faire sauter , et encore le pont-volant de Villers , et encore les trois ponts de Pouilly ! comme pour éviter aux Prussiens jusqu'à la peine d'en construire eux-mêmes. Et où se dirigera-t-elle ? Sera-ce vers les hauteurs boisées de Malandry qu'elle touche déjà par celles de ses troupes campées au-dessus de Moulins et de Vaux, qui forment chaîne jusqu'à Montmédy où d'immenses provisions sont concentrées ; en passant par le mont Saint-Walfroy, qui seul vaut une forteresse ? — Non. L'armée de Mac-Mahon va fuir les hauteurs sûres de Mouzon pour aller se blottir dans une souricière , Sedan , et courir au-devant de la troisième armée allemande, de l'armée du Prince Royal de Prusse qui accourt à marches forcées, a couché lui-même à Senuc, à une heure de Grandpré vers l'occident, la veille de la bataille de Beaumont, et arrivera à temps après-demain à Fresnois et Donchery , pour fermer le cercle. Enfin l'armée de Mac-Mahon, découragée par la culbute de Beaumont, fuyant déjà sans avoir combattu , se contentera d'occuper les alentours de Sedan , d'un côté seulement, du côté de la Belgique !

Mais je n'ai pas entrepris de vous décrire le récit du désastre de Sedan que vous connaissez comme tout le monde. Ma plume est lasse et mon cœur fatigué, je termine sans ajouter un mot.

26 novembre 1870.

NEUVIÈME LETTRE.

APRÈS LA BATAILLE.

—

Madame,

A la date de cette lettre, j'éprouve une grande répugnance à en justifier le titre, en vous racontant ce qui s'est passé après la bataille. La guerre a continué : mille faits pareils se sont produits ; les journaux en ont été remplis depuis six semaines.

Autour de nous à quelques lieues, il s'est passé des incidents beaucoup plus tristes et plus intéressants que ceux dont j'ai été témoin et dans lesquels parfois j'ai été acteur.

Il me semble que je prends la plume pour écrire une page inutile : de là, mes répugnances à l'entreprendre.

D'un autre côté, je sens qu'il ne conviendrait

pas de m'abstenir : les Prussiens se sont ailleurs conduits plus durement qu'à Beaumont. La continuation de la guerre, et d'autres causes dont je ne me rends pas un compte exact, les ont précipités dans des excès qui font frémir : il est juste de les montrer aussi sous leur face la moins reprochable. Mon but n'en sera que mieux atteint, puisque j'ai à décrire la guerre dans un moment et dans un lieu où elle fut, en comparaison de ce qu'elle a été ailleurs, le moins hideuse.

Quand vous aurez lu ces détails, dans lesquels je ne chargerai ni ne voilerai le tableau, vous pourrez répéter avec plus de raison que jamais : Quelles causes évidemment justes, et quelle nécessité ne faut-il pas pour faire la guerre ? et quelle responsabilité immense incombe à ceux qui l'entreprennent sans causes suffisantes, ou qui la continuent sans une nécessité mille fois impérieuse ?

A quatre heures, lorsque la victoire était assurée, un bataillon du IV⁴ corps d'armée prussien rentrait à Beaumont. C'est alors que commença la guerre aux gens inoffensifs, aux vieillards, aux femmes, aux enfants, à tous ceux que le Droit des Gens secondaire protège de ses prescriptions les plus claires et les mieux motivées. Un de vos compatriotes, Madame, qui peut-être ne partage pas entièrement nos convictions sur le Droit des Gens et de la guerre, parce que le temps nous a manqué pour nous en entretenir ensemble assez à loisir, un de vos compatriotes, M. Bullock, qui s'est dévoué avec une abnégation admirable, au soulagement de ceux qui, sans combattre, deviennent les victimes de la guerre, appelait cela la « Guerre aux paysans. »

A partir de cette heure mémorable et à jamais douloureuse pour la France, de cette heure qui décida du sort de mon pays en mil huit cent soixante-dix, à partir de quatre heures du soir, le mardi 30 août, jusqu'au dimanche suivant 4 septembre, c'est-à-dire durant six jours, les vieillards impuissants, les femmes inoffensives à la guerre, et les enfants à la mamelle, furent littéralement sans pain, et à peu près privés de toute nourriture. Je vis durant ces tristes journées se vérifier à la lettre les paroles de la sainte Écriture : *Parvuli petierunt panem, et non erat qui frangeret eis.* Les petits enfants criaient en demandant du pain, il n'y avait personne pour leur en donner ; l'eau même leur manquait ! Les Prussiens écrivirent sur tous les puits et sur toutes les portes où il y avait des puits : *Accès interdit.* Cette inscription peut encore se lire en plusieurs endroits. Si l'on peut dire d'une écriture qu'elle n'était point une lettre morte, c'est de celle-là : non-seulement la sentence était écrite, mais des sentinelles vigilantes, et raides comme la discipline prussienne, la faisaient efficacement respecter, vous n'en doutez pas.

Six jours de jeûne absolu sont durs par eux-mêmes. Mais ce n'est rien, Madame, ou c'est bien peu de chose, en comparaison de cette pensée qui accablait tous les jeûneurs, gens de la campagne, témoins de la guerre et de la bataille sanglante pour la première fois (que n'est-ce la dernière !) ; en comparaison de cette pensée, de cette perspective, qu'une telle situation pouvait durer : car pour eux, elle n'avait pas d'issue ; et beaucoup d'entre eux vécurent six jours et six nuits avec l'idée qu'ils allaient bientôt mourir de faim. En même temps, vous le voyez, ils ne sont plus rien chez eux ; l'ennemi est maître absolu de leurs habitations, de leur foyer, de leur lit, de leur jardin, comme de leur blé, de leur farine, de leurs fours ; il est maître absolu de tout, puisqu'il a confisqué jusqu'à l'eau elle-même.

L'hospitalité antique offrait l'eau et le sel à l'étranger voyageur. La guerre renverse ironiquement cette règle de l'hospitalité : l'étranger ennemi enlève à son hôte inoffensif, qu'il fait profession de respecter, le sel et l'eau même.

Je l'ai vu, Madame, et de mes yeux vu, et des milliers de Français et d'Allemands l'ont vu comme moi , à Beaumont-en-Argonne, le 30 et le 31 août , le 1ᵉʳ et le 2 septembre. Les blessés français qui remplissaient l'église demandaient avec des cris et des accents qui fendaient le cœur : de l'eau ! de l'eau ! Et personne ne leur en donnait, ni ne pouvait leur en donner.

Les docteurs de la 4ᵉ ambulance, et les médecins militaires français , pourvus de certains comestibles et conserves qu'on ne pouvait leur enlever à cause de la Croix-Rouge , manquèrent de pain pendant trois jours , comme le reste de la population manquait de tout. Ils furent réduits à mettre dans leur bouillon *d'extractum carnis Liebig* , les croûtes que les enfants de l'asile avaient laissées de leur goûter pendant l'été précédent, et que les sœurs économes avaient mises en réserve pour les détremper dans l'eau et les donner à leurs volailles pendant l'hiver. Ils concassaient ces croûtes informes et desséchées , tout heureux d'avoir de ce pain. Ce fut le troisième jour seulement qu'ils députèrent un des leurs, protégé par le brassard, avec un mulet et une voiture protégée de même, à plusieurs lieues de là , où ils trouvèrent quelqu'un qui consentit à leur cuire du pain. Encore , y mettaient-ils quelque mystère, par crainte d'être dépossédés.

Ce fut une des heures les plus douces de ma vie, que celle où je fus exaucé dans la prière

que j'adressai à l'un de ces docteurs , économe
de l'ambulance, de me vendre 80 livres de pain,
pour les distribuer dans ma paroisse, et donner
à ces chrétiens désespérés, sinon de quoi se ras-
sasier, du moins le bonheur de revoir du pain,
du pain qui leur était destiné, et l'espérance de
ne point mourir de faim.

Béni soit à jamais ce bon jeune homme, dont
j'ai oublié le nom, mais dont les traits ne s'effa-
ceront pas de mon souvenir. Béni soit-il, parce
qu'il avait du cœur, et que souvent le cœur aide
à la raison. Les règlements de son ambulance ne
lui permettaient que de venir en aide aux blessés,
et lui interdisaient de disposer des secours de la
société internationale pour les *civils*; il comprit
avec moi que la lettre tue, et je l'en loue ici gran-
dement ; car nous vivons, Madame, dans un
siècle judaïque jusqu'à la moëlle des os.

Cependant les Prussiens mangeaient du p ain
et de la viande, et toutes sortes de victuailles ; et
ils buvaient toutes nos boissons. Je l'ai dit, ils
occupaient tous nos fours, comme tous les puits
et toutes les caves ; ils avaient commencé à tout
piller le soir de la bataille. Pour eux, il y avait
abondance, tandis que pour les personnes inoffensives que protége le Droit des Gens, il y avait
une disette absolue , et qui semblait par cela
même devoir durer indéfiniment. *La farine aux*

hommes , *et le blé aux chevaux* , voilà ce que nous avons tous vu chez les Prussiens, durant trois jours ; tandis que nous mourions de faim, et que tous nos animaux erraient , dépossédés de leurs étables. Et cette famine se prolongea, pour beaucoup, longtemps encore. Il y eut des ménages qui furent quatorze jours sans manger de pain.

C'était , dira-t-on , pour leurs blessés qu'ils avaient confisqué l'eau, et pour eux-mêmes qu'ils accaparaient le reste. J'ai prévu l'objection et je n'ai pas besoin d'y répondre. Je raconte ici la guerre , je constate ce qu'elle est, et ce qu'elle fait. Cela suffit.

Mais revenons à l'entrée des Prussiens , ou plutôt à la prise de possession de Beaumont par les Prussiens vainqueurs.

Vous vous rappelez , Madame , qu'une troupe de femmes et d'enfants s'étaient réfugiés chez moi au premier coup de canon. Je sais les désordres et les crimes que la guerre a plus d'une fois entraînés après elle , et j'ignorais ce qui nous adviendrait de celle-ci , lorsque je vis défiler sur la Grande-Place , marchant dans un ordre parfait , fort propres , comme s'ils allaient passer une revue , les premiers Prussiens qui revinrent du champ de bataille. Le soin des femmes et des enfants réfugiés chez moi fut le premier qui dut m'occuper. Tandis que j'examinais les vainqueurs à travers une fenêtre de l'étage, un d'entre eux secoua fortement la grille qui mûre la petite cour placée en avant du presbytère, et un autre lança une pierre dans les fenêtres. Je compris que le moment était venu pour le pasteur de songer à son troupeau. J'ouvris ma porte, et m'adressant aux soldats rangés le long de la grille, je leur dis d'un ton sérieux et accentué : « Haüptmann ! » A l'instant deux d'entre eux s'empressèrent, et une minute après, le sabre à la main, un capitaine s'avançait, ralentissant le pas sans s'arrêter. Je lui dis : « Capitaine, je demande si ma maison sera respectée. » Je fis une pause durant laquelle il ne me répondit pas, et j'ajoutai : « Des femmes « et des enfants se sont réfugiés dans ma maison « pendant la bataille, je demande qu'ils soient « respectés. » — « Soyez tranquille, Monsieur « le Pasteur, me répondit-il, nous ne faisons « pas de mal aux femmes ni aux enfants. Nous « ne sommes pas des turcos. » — (Hélas ! sa réponse ne s'est pas vérifiée partout.)

Il accompagna les derniers mots d'un sourire que je ne trouvai point orgueilleux, mais plutôt poli.

Je fis, Madame, en recevant cette réponse, mon premier acte intérieur d'humilité en présence de l'ennemi, et je demandai pardon à

Dieu qui nous châtie ; et je compris le châtiment.

Au même instant, j'entendis frapper à coups redoublés à la porte de mon voisin, qui est maréchal-ferrant. C'était un cavalier. Craignant un premier acte de violence, je sortis par l'autre porte du presbytère, traversant les rangs des soldats prussiens qui revenaient toujours du champ de bataille et passaient devant ma maison, je criai à mon paroissien qui s'était caché, de sortir de sa cachette, et de venir sans crainte, qu'on l'appelait pour ferrer des chevaux. Il vint et fit sa besogne. En rentrant chez moi, je demeurai sur le seuil de ma porte, regardant défiler les vainqueurs. Tout à coup, un officier se retourna vers moi en marchant, et me dit d'un ton et avec un visage plus que courroucé : « Va-t-en toi ! » Comme je ne m'empressais pas sans doute assez vite à son gré, d'obtempérer à sa parole, il répéta en accentuant davantage encore : « Va-t-en toi ! » Je crus voir le visage de Luther lui-même ; et je me retirai en faisant un second acte d'humilité, et en songeant aux langages assez différents que m'avaient tenus les deux officiers prussiens, qui m'avaient les premiers parlé. Je retournai à l'autre porte, auprès des soldats de l'autre capitaine. Ils me demandèrent à boire. Quelques minutes après, paraissait sur son cheval le colonel Von Thiele, chef d'État-Major du Prince Royal de Saxe, qui me fit demander un verre de vin blanc, ajoutant qu'il n'avait pas l'habitude de boire du vin rouge. Il en prit un seul verre, et me fit remercier. Puis arrivèrent un intendant et un chef d'ambulance, qui me demandèrent très-poliment si je consentais à donner une partie de ma maison pour servir d'ambulance. Vous devinez ma réponse. Ils ne voulaient d'abord pour les blessés que l'étage de ma maison ; je leur dis : « Prenez tout, Messieurs, je me contenterai joyeusement de deux pièces, une pour ma mère âgée et ma sœur, l'autre pour moi ; celle-ci sera la cure. En même temps, ils me dirent de faire faire et de hisser le drapeau trop connu hélas ! de la Croix-Rouge ; et l'un d'eux écrivit sur les portes du presbytère : *Hospital des IV armée-corps.*

La triste procession commença. On joncha de paille, ou plutôt de gerbes de blé déliées, les salles et le grenier du presbytère, sauf trois pièces réservées aux officiers, où mes lits furent dressés ; et je vis successivement entrer sanglantes, gémissantes, quatre-vingts malheureuses victimes de la guerre, dans ma seule maison. C'étaient des Allemands. J'aidais à les étendre dans la plus grande des salles, lorsque tout à coup j'entendis plus vite encore que je ne le vis, un Français mêlé aux Prussiens, qui me criait d'une voix émue et avec un accent que je n'oublierai jamais : « Frère, oh ! Frère ! » Et il me tendait les bras. Ses bras étaient libres, ses jambes labourées par des éclats d'obus le faisaient souffrir horriblement. Son visage enflammé, ses yeux brillants du feu de la fièvre s'étaient animés comme d'un éclair de joie en me voyant. C'était un jeune soldat ; depuis trois heures qu'il était blessé, il n'avait vu que des visages ennemis. En me voyant, il se trouvait heureux, m'appelait son frère, et me tendait les bras. Je lui ouvris les miens, je versai quelques larmes sur lui, en l'étreignant doucement et l'appelai : Frère, à mon tour. Un instant après, il faisait le signe de la croix, et j'entendais sa confession.

Au même instant, on m'apportait un billet écrit au crayon, et taché de sang. « Le sang descend dans l'estomac. Venez, il est temps. » J'accompagnai le porteur du billet, qui me conduisit dans une grange où gisaient sur l'aire recouverte de paille quarante blessés, auprès d'un homme de haute stature, et dans toute la vigueur de l'âge et de la force. Il avait la mâchoire pendante, traversée de part en part, le visage gonflé et violet, les yeux injectés de sang, mais pleins de calme et respirant l'intelligence. Lorsque je l'eus confessé par signes, il me serra la main, et je baisai cette face si noblement et si cruellement mutilée. Il m'écrivit alors ses derniers désirs, tira de son portefeuille les portraits photographiés de son épouse et de sa fille, et écrivit : *pour vous*, en souvenir du service que vous venez de me rendre. Puis il me remit une lettre qu'il avait écrite à sa femme avant la bataille, et sur l'adresse de laquelle il ajouta au crayon : *lui* ; et en même temps une goutte de son sang tombait sur l'enveloppe....

C'était le commandant de Lacvivier. Il vécut quelques jours, et put se servir de ses jambes. Je le fis conduire à Bertrix, dans les Ardennes, chez un chrétien de mes amis, qui environna ses dernières heures des soins les plus tendres. C'est là qu'il mourut ; et notre sœur la Belgique entoura d'honneurs sa sépulture.

Je pourrais, Madame, remplir un livre de ces sortes de scènes, et les aumôniers en écriraient plus que moi encore. Je me borne à celles-ci ; elles suffisent d'ailleurs pour aider votre imagination à se représenter les suites d'une bataille. J'ajouterai seulement quelques lignes pour vous peindre à grands traits ce spectacle vraiment horrible.

L'église avait été transformée en ambulance :

on en ôta, ou plutôt, on en arracha les bancs , que
les Prussiens brûlèrent le soir à leurs feux de
bivac , sur la Grande-Place. Les fenêtres furent
brisées pour donner de l'air aux pauvres blessés,
couchés au nombre de cinq cents sur les dalles
recouvertes de paille , et bientôt , *toutes*, imprégnées de sang humain. Dans les trois premiers
jours, ils demandaient de l'eau à grands cris ; et
au bout de quatorze jours , ceux qui restaient
étaient encore sur les mêmes dalles , et sur la
même paille, et plusieurs dans les mêmes habits !

A la halle, aussi sur la paille et la pierre, trois
cents blessés, mi-partie français et allemands.
On les sépara dès le lendemain. A l'étage de la
mairie environ cinquante autres, tous prussiens.
A l'ambulance des sœurs trois cents français ; à
l'école des garçons , trois cents prussiens. Dans
deux maisons seulement cent vingt-sept prussiens ; dans une autre , soixante-sept ; dans une
autre, quarante ; une vingtaine de granges, plus
de trois cents maisons sur quatre cents, trans-
formées en lazarets ! Onze cents prussiens, comme
je l'ai dit, avaient été transportés dans les fermes
lors de la première attaque. Il y en avait plus
de cent cinquante à la Thibaudine ; quatre-vingts
à Létanne ; il y en eût à Sommauthe, à la Besace,
à Raucourt , à Yoncq , à Grécil , dès le même
soir. M. le curé de Pouilly, qui vint remplir les

fonctions de son ministère dès cinq heures sur le champ de bataille, en compagnie du docteur Davila, en transporta le même soir à Pouilly ; il y en avait à Autrecourt, au Ponçay, il y en avait un millier à Mouzon. Je pense n'exagérer pas, en portant à neuf mille le nombre des blessés de la bataille de Beaumont, et en évaluant à six mille le nombre des blessés prussiens. Je n'ai pu hélas ! compter le nombre des morts. Les Allemands enfouirent les leurs dès la même nuit.

Je confessai presque sans interruption depuis quatre heures du soir jusque vers minuit : à la fin je pouvais à peine lever les jambes, et il m'était presque impossible, à la halle, de poser le pied entre les pauvres gisants, tant ils étaient nombreux et serrés. J'avais été rappelé vers le soir pour recevoir deux aumôniers catholiques allemands, qui remplirent leur ministère en même temps que les aumôniers français. Le déluge de sang est comme le déluge d'eau, qui, ainsi que nous l'apprend saint Pierre, aida au salut d'un grand nombre d'hommes.

En rentrant, vers minuit, j'appris du docteur Schmit que le jeune lieutenant Von Solms, et le colonel Hasse, blessés du presbytère, étaient à l'extrémité : ils moururent la même nuit, entre quatre et cinq heures du matin. L'encombrement était tel, qu'on ne me laissa qu'une pièce du presbytère. Les aumôniers allemands et moi, nous dormîmes deux ou trois heures sur des chaises, dans la cuisine, qui servait aux valets des officiers blessés.

Vous décrirai-je les horribles blessures ! encore une fois, il faudrait des volumes : trois ou quatre lignes, pourtant. Des ventres ouverts, des têtes dont on voyait la cervelle, des poitrines traversées et râlantes, des cuisses et des jambes déchirées, brisées, comminuées. Un grand nombre succombèrent la première nuit. Il y en eut qui agonisèrent littéralement, pendant plusieurs jours. On en voyait un, la tête fendue, aveugle, muet, qui allait et venait dans la maison, et reconnaissait à son pas, la charitable ménagère à qui, par exception, il était permis de traire ses vaches, et d'offrir un verre de lait aux blessés. Il mourut au bout de six jours. C'est par cinquantaines que l'on comptait les portes marquées à la craie de cette funèbre inscription : *amputé de cuisse*, *amputé de jambe* ; sans parler de celles de ces opérations qui se faisaient aux grandes ambulances des Sœurs et de l'église. On opérait à la sacristie, et le linge sacré servit plus d'une fois à étancher le sang des membres mutilés de Jésus-Christ. Vous savez, Madame, que les amputations de cuisses sont des plus dange-

reuses : sur quatre amputés, il n'en survit qu'un,
en moyenne. Le docteur Moynac, dont le dévoue-
ment nous édifia ici durant 80 jours après la
bataille, a vu trois sur quatre de ses amputés
survivre : c'est un prodige en chirurgie. — Il
fallut choisir des terrains spéciaux pour enterrer les morts des ambulances. Je vis ces corps
d'hommes, demi-nus, gîsant autour de l'église,
autour de la mairie, dès le premier jour, puis
hissés dans des chariots, puis transportés et jetés
pêle-mêle dans les fosses communes. Un *De Profun-
dus*, un signe de croix sur chaque cacolet : c'est
tout ce qu'il m'était loisible de leur donner ! Nous
réussîmes cependant à choisir pour lieu de sépulture un terrain plus propice, sis derrière la cha-
pelle de saint Jean-Baptiste, et à faire ratifier
notre choix par le commandant prussien : c'est
à l'ombre de cet humble sanctuaire que reposent
les dépouilles déchirées de tant de chrétiens. Là,
ils ne seront point oubliés comme tant d'autres,
que déjà recouvrent dans les champs les semail-
les d'automne, qui repoussent, jeunes et vertes,
sur leurs tombes effacées.

« O Jésus ! c'est donc ainsi que l'on traite les
hommes, que tu as tant aimés, et pour lesquels
tu as tant souffert ! »

Ce cri s'échappait de la bouche d'un de mes
confrères, traversant trois mois après le trente

août, le champ du carnage : « Oh ! ajoutait-il , que l'on pose une croix, si modeste qu'elle soit, ne fût-ce que deux petits bâtons croisés, sur ces pauvres tombes ! afin de rappeler qu'il y en eut *un*, au moins, un Roi, qui *les* a aimés. »

En l'entendant , je songeais, Madame , aux paroles de Las Casas , que vous me rappeliez dans votre dernière lettre : « J'ai vu le Christ de nouveau crucifié mille fois dans la personne des Indiens innocents. »

Et je me disais : Il est probable que ces hauts diplomates , ces dominateurs du moment , ces prôneurs de *nationalités*, *d'aspirations* de l'époque, de *prépondérance* des *races* ou des *sectes*, de *développements historiques* des peuples, *d'unitarisme*, *d'humanitarisme*, et de toutes ces noires formules au nom desquelles ils font massacrer les uns par les autres les chrétiens par centaines de milliers ; — il est probable que ces cruels adorateurs d'eux-mêmes, causant d'histoire dans leurs salons *civilisés*, ont su plus d'une fois parler avec un dédain parfait, de ces Espagnols du XVIe siècle , bourreaux des Indiens , et qu'ils auront su les appeler la lie et l'écume de leur nation. Aveugles, aveugles volontaires, s'ils ne voient pas qu'ils sont eux-mêmes la lie et l'écume de l'Europe et du monde !

Il y a quelques semaines, une mère, une pauvre femme des environs de Château-Thierry arrivait à Beaumont, apportant un gilet de laine tricotée, trois chemises et quatre paires de bas, pour son enfant blessé qu'elle croyait encore vivant. Elle avait fait le même jour, le dernier de son long voyage, plus de sept lieues à pied, par ces pluies torrentielles des derniers jours de Novembre. Quand elle se présenta le soir, elle était mouillée et transie ; et elle aurait ressemblé à la Niobé antique, si son pieux langage n'eût plutôt rappelé la Mère de douleurs, lorsqu'il me fallut lui annoncer la mort du pauvre soldat, et sa sépulture dans la fosse commune. « Mon fils, mon cher enfant, disait-elle, je ne te verrai plus ! Et l'on t'a enseveli sans cercueil ; et je ne pourrai pas même pleurer sur ton corps, en disant : il est là. Mon cher enfant, ajoutait-elle, qui donnait le bon exemple à toute notre paroisse, si assidu aux saints offices, et dont M. le curé faisait tant de cas. Si seulement j'avais pu emporter son pauvre corps, pour le faire déposer... dans notre cimetière. »

Elle avait hésité pour dire ces derniers mots. Elle eût voulu exprimer tout ce qu'elle pensait, et dire : *auprès de son père*. Car celui qu'elle pleurait était son fils aîné ; et elle était remariée. Son second mari l'accompagnait. Lui et moi nous respectâmes cette pointe amère de sa douleur discrète : car nous devinions sa pensée. Si elle fût demeurée veuve , son cher enfant n'eût point été soldat alors , et l'obus prussien ne lui eût point ouvert le ventre, du moins à Bea umont. Mais comment rester veuve avec quatre enfants en bas-âge, pour sauver l'aîné du collier de soldat ? Cruelle alternative, ou de laisser ses enfants sans leur rendre un père , ou d'exposer l'aîné à l'esclavage militaire.

Pauvre mère,

Nunc miseranda vel hosti !

Mais l'ennemi du XIXe siècle n'a point de pitié comme l'ennemi païen dont parlait Ovide. Il t'a tué le fruit de ton sein ; et maintenant il ne s'en inquiète pas , et il t'enlève le fruit de ton petit champ , que ton cher défunt cultivait encore quelques jours avant la guerre , pour aider à vivre ses plus jeunes frères et sœurs.

« Je ne fais pas la guerre aux habitants, ni « aux bourgeois, mais à Napoléon et à sa seule « armée, » disait le roi Guillaume de Prusse...

Et depuis le 30 août au soir, nous mourons à petit feu. Hier, jour de Noël , pendant la grand' messe, quinze laboureurs réquisitionnés partaient pour Sedan ; ils y resteront huit jours. Quinze étaient partis le troisième dimanche de l'Avent, quinze, deux semaines auparavant, et ainsi de suite , en remontant jusqu'au 30 août. Ils ont voituré les caissons, les munitions de l'armée française, butin du Prussien ; ils voiturent ses approvisionnements, son matériel de guerre, et ses engins qui vomiront la mort sur leurs propres fils et sur leurs propres frères. Ils voiturent en tout temps , le jour et la nuit , et la nuit de Noël et le jour de Noël. Oh ! puissent ces chrétiens, mes fils spirituels , élever leurs cœurs et leurs esprits , et apercevoir le châtiment divin au travers des iniquités humaines ! Ils ont profané le jour du Seigneur et blasphémé son saint Nom. Ils ont refusé, par le passé , d'être les nobles serviteurs de Dieu, dans le culte honorable , et le repos qui sanctifie en instruisant. Aujourd'hui, le jour même où l'Église répète les vagissements du Verbe fait chair, du Dieu d'amour dont ils ont méprisé les salutaires préceptes, ils sont esclaves des Prussiens, et célèbrent la Noël par quinze degrés de froid , en chassant devant eux leurs chevaux amaigris et leurs chariots vides, sur leurs chemins qui eux-mêmes ne leur appartiennent plus.

Et leur foin et leur avoine , le Prussien les a pillés avec les prémisses du froment ; ils vendent fébrilement à l'étranger le blé qui leur reste, presque avant qu'il soit secoué de la gerbe. Et leur bétail a servi à nourrir l'ennemi, et ce qui en survivait est devenu la proie du fléau apporté par les bœufs hongrois. *Rinderpest !* voilà le mot fatal qu'on lit au coin des rues et sur l'huis des étables. Tel, qui nourrissait vingt têtes de bétail sur ses quatre-vingts arpents de terre, n'a plus même de lait pour mêler au café qu'il achète à l'étranger ; et avec ses quatre-vingts arpents de terre au soleil, il aura peut-être faim avant la Saint-Jean d'été ; et l'engrais lui manquera sûrement pour féconder la récolte de l'année suivante.

Voilà où en est réduit l'agriculteur, à qui Dieu donna pour tâche de produire l'alimentation de tous !

A peste, fame et bello, libera nos, Domine !

26 Décembre 1870.

DIXIÈME LETTRE.

APRÈS LA BATAILLE.

Le Roi de Prusse à Beaumont. — Les blessés, les vivants et
les morts.

—

MADAME,

Il se passe tant de choses après une bataille
qu'il est difficile de suivre son discours, sans
être obligé de revenir ensuite sur ses pas. Veuil-
lez m'excuser, si je subis cette nécessité.

Le soir du 30 août, l'armée du Prince de Saxe
revint camper à Beaumont et à Létanne, occu-
pant toutes les positions enlevées aux Français.
Les quarante mille Saxons étaient autour de
Létanne : ils tuèrent le soir même soixante-
trois têtes de bétail pour leur repas, le tiers du
troupeau de ce village qui compte 250 âmes ;

depuis, ils en enlevèrent une autre partie, et la peste bovine a tué le reste. Le Prince Royal de Saxe coucha à Létanne, chez le principal habitant du lieu ; le général Montbé, que j'ai déjà nommé, descendit chez M. le curé. Les soldats trouvèrent dans une écurie un cheval qui leur semblait propre à l'artillerie. Le Prince Royal alla de sa personne le voir et s'assurer qu'il convenait. Le lendemain les troupes partirent pour Mouzon et Sedan... Deux ponts de bateaux furent jetés sur la Meuse à Létanne, et les Saxons passèrent là, pour se diriger sur Mouzon. A Pouilly, distant de deux kilomètres de Létanne lorsqu'on a traversé la Meuse, la rivière a deux lits, outre le canal ; il y a trois ponts successifs.

C'est sur ces trois ponts que passa le corps de la garde, et une partie des Saxons, depuis huit heures du matin jusqu'à trois heures du soir.

Vers midi, mon confrère de Létanne vint me voir, il était à jeûn, et il ne restait rien chez lui. Un peu de riz au lard, sans pain, c'est tout ce que je pouvais lui offrir, il ne put le prendre qu'à deux heures, à cause de l'incident que je vais dire.

Le pharmacien en chef de la quatrième ambulance prussienne, dont le principal siége était au presbytère, excellent jeune homme dans les yeux duquel nous surprîmes plus d'une fois des

larmes, m'avait dit vers onze heures et demie :
« Notre *Kœnig* va venir. » Le curé de Létanne
était entré à peine, qu'on annonça l'arrivée du
Roi Guillaume, qui venait féliciter son armée
sur la victoire de la veille. Le pharmacien me
fit appeler. Nous nous avançâmes sur le seuil
de la porte du presbytère, le Roi avec Bismarck
et son État-Major débouchaient sur la Grande-
Place. Il était entré par la Porte-au-Pont, s'était
arrêté à Beauregard pour dire aux prisonniers
français qu'il ferait son possible pour adoucir
leur sort ; puis, montant vers l'église par la rue
de la Brasserie, il était passé devant l'ambulance
prussienne établie dans la maison du principal
bourgeois de Beaumont-en-Argonne, et l'avait
visitée. C'est ce qui exempta le presbytère de
la présence de sa Majesté, et déjoua les prévi-
sions de mon pharmacien en chef. Au moment
où le Roi de Prusse, remonté à cheval, eut
dépassé le portail de l'église, il se retourna, et
fit face. Aussitôt tous les Prussiens qui étaient
sur la place, coururent quelques pas, et crièrent
une première fois : « Hurrah ! » conformément
à l'instruction réglementaire. Puis il se fit un
silence d'environ dix minutes, pendant lequel le
Roi dit quelques mots que nous n'entendîmes
point. Après dix minutes, les Prussiens crièrent
de nouveau : « Hurrah ! » et firent de nou-

veau silence. M. le curé de Létanne qui avait
vu plusieurs fois le Roi Guillaume, me le montrait et m'engageait à aller voir de plus près.
« Nous le voyons d'assez près, » lui dis-je. —
Cependant il se fit un mouvement dans le cortége, et le troisième *hurrah* retentit. A ce
moment une pensée subite me traversa l'esprit,
et je dis à mon confrère : Venez avec moi, je
veux parler au comte Bismarck ; et je l'entraînai,
en pressant le pas.

Un quart d'heure avant l'arrivée du Roi, le
colonel de Béhagle était mort à l'ambulance ; un
chirurgien militaire m'avait dit en pleurant qu'il
avait connu le colonel, et qu'il ne pouvait sup-
porter ni pour lui ni pour la famille de M. de Béhagle, la pensée de voir le corps du brave défunt
jeté sans cercueil dans la fosse commune ; que
les règlements prussiens étaient formels, et l'impossibilité de les enfreindre plus grande encore;
et il m'avait supplié de chercher, à tout prix ,
un moyen de l'enterrer au cimetière paroissial
ou du moins dans un lieu isolé, et que l'on pût
reconnaître plus tard.

Au moment donc où le cortége royal s'éloi-
gnait, j'eus tout à coup la pensée d'obtenir cette
faveur ; c'est pourquoi je poursuivis le cortége
et priai mon confrère, qui est de Luxembourg
et sait très-bien l'allemand, de m'accompagner.

Le cortége était déjà en marche vers la route du Chesne-Populeux ; je ne sais quel embarras survint : il s'arrêta quelques instants. J'atteignis M. de Bismarck ; il était à cheval, et portait la casquette à galons dorés. C'est un homme encore vert , malgré ses 59 ans; ses traits sont durs comme ceux des Prussiens de race, sa physionomie l'est moins : il est sanguin de tempérament, a le teint coloré , et l'œil vivant. Il ne porte aucune trace de ces habitudes ignobles que les journaux français lui attribuaient , depuis des années, pour chauffer , comme on dit, l'opinion contre lui, et pousser les esprits à la guerre. Je me tournai vers lui, et lui dis : Comte Bismarck, une grâce ! Un colonel français, M. de Béhagle, brave entre les autres, vient de mourir à l'ambulance. Je suis l'interprète de ses amis, et certainement de sa famille , en demandant qu'il soit enterré isolément, avec les cérémonies religieuses accoutumées , dans le cimetière de la paroisse. — Il me répondit en français, sans hésitation et sans accent étranger : Monsieur le curé, je n'ai pas ici le pouvoir du commandement. Il faut vous adresser au commandant de la place , ou au plus ancien officier.

Je fus un instant péniblement impressionné ; et je me disais que l'esprit chevaleresque n'a pas pris naissance en Prusse. Me ravisant , et me rappelant que tout est raide et réglementaire chez les Prussiens , je me dis que , à tout prendre , cette réponse n'était pas mauvaise , et que je pourrais aboutir. J'avais remarqué un tout jeune officier prussien qui nous avait suivis, et avait paru prendre un très-vif intérêt à cette courte conversation sans la comprendre... Traduisez bien, dis-je à mon confrère, la réponse de M. de Bismarck à ce jeune officier, et dites-lui de me conduire immédiatement au commandant de place ; j'ignore où il loge. Un instant après , l'officier nous précédait en courant ; nous le perdîmes de vue deux minutes , et nous le revîmes amenant le commandant de place. Je lui fis ma demande , et il répondit sans hésiter : Non-seulement j'y consens , mais j'offre de faire rendre au colonel les honneurs militaires par les troupes prussiennes ; il suffira qu'on avertisse les blessés dans les ambulances , afin qu'ils ne s'effraient pas , en entendant les décharges , et qu'ils ne croient pas à une nouvelle bataille. Il me demanda ensuite de fixer l'heure. Nous convînmes de six heures du soir. Je le priai à mon tour de me donner des hommes pour aider à creuser la fosse au cimetière , en lui disant que mes paroissiens étaient à demi-morts de faim , et n'avaient ni force , ni courage. Il me promit deux Prussiens , à charge de réciprocité.

Car nous avons, dit-il, nous aussi, six officiers morts. Je fis à l'instant sonner les cloches suivant la coutume. Puis la question du cercueil me préoccupa vivement. Impossible de trouver des ouvriers ! Nous nous rappelâmes qu'il y avait un cercueil, destiné à un pauvre soldat mort après le combat de Bois-des-Dames, et qu'on n'avait pu encore enterrer. Je cherchai et trouvai à grand'peine des bêches (on les avait pillées); six hommes hâves, pâles, défaits, à jeûn depuis la veille au matin, commencèrent de creuser la fosse, avec les deux Prussiens, qui ne tardèrent pas à aller travailler seuls aux leurs.

A six heures précises, un détachement prussien, le fusil sur l'épaule, se rangeait en face de la Maison des Sœurs.

Le cortége s'avança. Un soldat du 11e de ligne, le bras en écharpe, portait le vase d'eau bénite : c'était un verre commun (tout était bouleversé dans l'église); et l'aspersoir était un rameau vert d'acacias, cueilli à l'ombrage de la salle d'asile des Sœurs. Le soldat mutilé avait demandé en pleurant comme une grâce, de porter l'eau bénite pour la sépulture de son colonel bien-aimé. Un chef-infirmier portait la croix. Un licencié en droit, avec l'instituteur, remplaçaient les chantres de la paroisse, qui s'étaient enfuis, sur le bruit que les Prussiens enlevaient les jeunes gens. Deux aumôniers , M. l'abbé Fiart, et M. l'abbé Favre, m'accompagnaient précédant le cercueil. Les cordons du poële étaient tenus par des médecins militaires. Derrière le cercueil marchaient recueillis les autres chirurgiens de l'armée et ceux de la quatrième ambulance , ayant à leur tête le Major divisionnaire La Cronique. Les Prussiens en armes fermaient le cortége. Nous nous avançions lentement , par des rues détournées , vers le cimetière, en chantant le psaume liturgique de David pénitent : *Miserere !.... secundum magnam misericordiam tuam !* et nous pensions à la fois à l'âme du défunt, à l'armée et à la France , pour qui les saintes paroles convenaient si bien ! — Des femmes et des enfants sortaient des maisons et s'agenouillaient dans les rues , priant et pleurant au passage du cortége. Un homme se trouva agenouillé avec elles. Les Prussiens qui rendaient les honneurs au colonel, eurent l'idée de l'arrêter, et de le *requérir* je ne sais pour quoi. Les femmes et les enfants se mirent à pousser des cris : le Major La Cronique intervint, et on le laissa. Je ne sus cet incident qu'au retour ; car en ce moment, la tête du cortége était arrêtée. Il nous fallait faire quelques pas sur la route de Mouzon pour entrer au cimetière. Et la route de Mouzon gémissait, écrasée depuis trois heures sous le poids des longues files de voitures, chargées des canons, des caissons, des longs et solides bateaux de l'armée du prince Fritz ; c'étaient les instruments du désastre du lendemain.

Après avoir attendu patiemment environ dix minutes qu'un des conducteurs songeât à se ranger un peu sur la gauche de la route , je fis un geste, en montrant la croix et le cercueil. Celui à qui le signe s'adressait le comprit, et se détourna légèrement sur la gauche, sans cesser d'avancer. Nous pûmes alors nous glisser entre les fourgons et le mûr, et pénétrer dans le cimetière. Les prières achevées, et le cercueil en bois de peuplier qui renfermait la dépouille du Colonel descendu dans la fosse, le Chirurgien-Major divisionnaire La Cronique prononça quelques paroles d'une voix bien émue, se plaignant d'être seul avec le corps des médecins militaires pour représenter l'armée française, autour de la tombe d'un de ses plus vaillants officiers. Le capitaine prussien commanda par trois fois en allemand , et les trois salves réglementaires retentirent. Nous frémissions douloureusement ! et malgré les trente-six heures d'émotion qui avaient dû amortir notre sensibilité, plusieurs d'entre nous sentirent les larmes leur monter du cœur aux yeux.

Ainsi fut inhumé le corps de M. de Béhagle ,

Commandeur de la Légion d'honneur , Colonel du 11ᵉ de ligne , et Commandant en chef de la division Goze, lors de la surprise de Beaumont, à la première attaque.

Il était sept heures : la soirée était belle et sereine, comme la conscience de ce soldat chrétien, lorsqu'il accomplissait son devoir, en y mettant la vie.

M. de Béhagle était un homme *fidèle*, comme je l'ai appris depuis l'année dernière , dans la vraie acception du mot. Il remplissait ses devoirs de soldat et de chrétien. Il ne foulait point aux pieds les prescriptions du culte et de la discipline de sa propre religion. Chaque dimanche, dès le matin , il entendait la messe ; chaque année , à Pâques, il recevait son Créateur. Ce qui le caractérisait, c'était la bravoure, la bonté et la franchise. — La bravoure. A Solferino , chef de bataillon , il alla au péril de sa vie , avertir le quartier-général que l'armée française était surprise par les Autrichiens, qui , déjà en ligne de bataille , tirèrent sur lui seul , à son retour , des centaines de coups de fusil , *comme des chasseurs sur un lièvre* : il n'échappa à la mort qu'en se laissant glisser , comme s'il eût été atteint, de son cheval, le long de la berge d'un canal par le lit desséché duquel il regagna son bataillon. — La bonté. Le sergent Gilbin , de son régiment , et mon paroissien, m'a raconté que, à Sarrebourg, mangeant un morceau de pain noir sur son cheval, il encourageait ses soldats harassés en les appelant ses enfants d'une voix si sympathique, qu'ils redoublaient d'effort, pour marcher encore, à la prière de celui qu'ils aimaient comme un père. — La franchise. Après Wœrth et Niederbronn, ses lettres à sa famille respiraient la douleur du patriotisme crucifié ; et il écrivait à sa femme ces mots hélas ! trop historiques, mais que bien peu auraient eu la franchise d'écrire : « *nous fuyons comme des misérables !* »

Je tiens ce dernier fait de Madame de Béhagle elle-même, qui me le racontait les larmes aux yeux, lorsqu'elle vint, avec son respectable père M. Périgord de Villechenon, faire son douloureux pèlerinage à la tombe de son mari.

Au sortir du cimetière, j'aperçus un hulan à cheval qui se penchait vers un de mes paroissiens, et paraissait lui demander un renseignement. J'entendis la réponse de Jean Gilbert : *trois heures*, disait-il. Le hulan partit au galop. — Pour quel pays ? fis-je à demi-voix à mon paroissien, en passant auprès de lui. — Carignan, me répondit-il. Je poursuivis mon chemin le cœur serré. Le hulan partait seul pour Yvoy-Carignan ; les Prussiens occupaient donc tout le pays depuis Beaumont jusqu'à la frontière belge : le chemin de Metz était fermé à l'armée de Mac-Mahon ; je pressentis que nous n'avions plus d'espoir. En rentrant au presbytère , je trouvai le pharmacien en chef, qui me dit d'un ton qu'il s'efforçait de rendre calme : *Napoléon, pris*. En même temps il formait comme un triangle à base non tracée avec deux doigts de sa main gauche, et passant l'index de la droite tour à tour sur les deux doigts étendus, il dit : *Prusse, Prusse*. Puis montrant le vide entre les deux doigts, il dit *France*, puis au-delà des deux doigts, et il dit : *Belgique*. D'autres médecins et officiers nous joignirent , et m'assurèrent qu'il en était ainsi. Je compris que l'armée de Mac-Mahon était enfermée , et je vis en même temps que les moindres officiers prussiens connaissaient déjà le plan stratégique de leurs chefs.

Le lendemain , un spectacle pénible entre les autres m'était réservé. Vers onze heures du matin , on vint m'avertir que des soldats prussiens amenaient sur la place des paysans qui étaient condamnés à être fusillés , parce que, disait-on, ils avaient tiré sur des Allemands. Je descendis sur le champ , et traversant la place en face du presbytère , je vis ce malheureux groupe au milieu d'une trentaine de soldats , l'arme au bras, et paraissant animés par la colère.

Six malheureux, exténués, le visage gonflé et noirci par suite des coups qu'ils avaient reçus, se lamentaient d'un ton pitoyable. Je m'avançai, malgré les menaces des soldats dont plusieurs firent mine de croiser la baïonnette sur moi, et je demandai aux patients : De quel pays êtes-vous ? — De Beffu ; Monsieur le curé, tirez-nous donc de là, sauvez-nous ; nous sommes perdus ! — Les soldats me menaçaient toujours, et me lançaient des éclairs par leurs yeux, en criant : *Halt ! Halt !* et d'autres paroles que je n'entendais pas. La place était pleine de bruits, de soldats, de voitures, d'armes brisées, de casques troués, de fusils et de sabres ployés, de fourreaux souillés, en un mot de toutes sortes de débris hideux, què l'on commençait à ramener du champ de bataille, et à décharger pêle-mêle sur la place. Je souhaiterais à tous ceux qui se sont sentis parfois séduits par les apparences, un jour de revue ou de parade militaire, et qui se font une idée plus ou moins poétique de la guerre, d'avoir vu cette réalité. La poésie de la guerre pâlirait vite dans leur esprit, et ils comprendraient ces paroles du lieutenant-colonel de Baudus dans son récit de la bataille de la Moskowa : « Cette espèce de sagesse que l'on met à « préparer de si cruelles folies, a quelque chose « d'humiliant pour la raison humaine, quand

« on y pense de sang-froid à l'âge où je suis
« arrivé ; car dans ma jeunesse je trouvais cela
« bien beau. » — Ils ne renieraient pas non plus
ce mot échappé à Napoléon I, le soir du même
jour : « Qu'est-ce que la guerre ? — *Un métier*
« *de barbares* où tout l'art consiste à être le plus
« fort sur un point donné. »

Tout en jetant un coup d'œil rapide sur cette
scène, je dis au Maire de Beffu et à ses cinq
compagnons d'infortune : Courage ! priez Dieu ;
je vais voir le Commandant.

Le Commandant de la veille était parti pour
la bataille de Sedan ; le nouveau m'accueillit
poliment ; c'était un Major, et il avait autour de
lui trois autres officiers qui paraissaient former
son Conseil. Je ne rapporterai point en détails
la conversation. On parla sur le Droit des gens
secondaire, en vertu duquel les soldats respec-
tent la vie des hommes qui ne sont pas militaires, à condition de réciprocité ; sur le degré de
confiance que pouvaient avoir en ce droit des
hommes de la campagne, qui voient leur pays
envahi et leurs maisons pillées ; sur l'inutilité et
l'inhumanité d'une exécution après coup, surtout lorsqu'on est vainqueur ; etc. Enfin, malgré l'opposition d'un membre de son Conseil, le
Commandant me promit à peu près que les six
chrétiens de Beffu ne seraient pas fusillés, si le

fait remontait à plusieurs jours ; il ne pouvait me donner une solution positive, disait-il, n'ayant pas encore examiné le rapport. — La question n'avait été traitée que dans la supposition de la vérité du fait reproché aux captifs. J'obtins néanmoins la promesse positive d'être averti dans le cas où la décision serait autre, afin de pouvoir leur donner les secours et les consolations de la Religion.

Le fait est, comme je l'ai su depuis, que le Maire et les cinq bourgeois de Beffu n'avaient nullement songé à tirer sur les soldats allemands ; qu'un seul Prussien s'était blessé avec son propre fusil par mégarde ; que deux habitants de Beffu, sans armes, avaient été déjà, par représailles, massacrés dans une garenne où ils s'étaient réfugiés, et que le Maire et les cinq bourgeois avaient été arrêtés comme responsables d'un fait qui n'avait point eu lieu.

Le lendemain vers neuf heures du matin, en revenant de visiter les ambulances de Beauregard, je rencontrai les six captifs dans la grande rue, escortés des soldats toujours menaçants. Quelques bourgeois de Beaumont, qui les suivaient avec des enfants, me dirent : On les mène dans les champs et l'on va les fusiller. Les malheureux étaient plus tristes à voir encore que la veille ; ils avaient les mains fortement liées der-

rière le dos ; leurs visages étaient plus noirs ,
leurs traits renversés , ils poussaient non plus
des cris, mais des hurlements, et ils se tordaient,
en marchant, dans les angoisses d'une véritable
agonie. On les entendait s'écrier : Pour quel
crime ! Pour quel crime va-t-on nous faire
mourir !...

Je volai chez le Commandant , le cœur plein
d'indignation : il ne m'avait pas averti, selon sa
promesse. Toutefois, en me présentant calme, je
lui dis ce que je venais de voir et d'entendre, et
lui rappelai sa promesse de la veille. Il me répondit : Ces hommes ne seront pas fusillés, je vous
l'ai promis hier ; ils seront prisonniers de guerre.
Tout heureux en écoutant ses paroles , je man-
quai de prudence. Permettez-moi , lui dis-je ,
d'aller leur annoncer cette nouvelle : ils mour-
ront d'épouvante , si l'on persiste à leur faire
croire qu'ils doivent être fusillés.

— *Nein* ! répondit-il d'une voix que je trouvai
terrible, non ! je ne veux pas que vous alliez le
leur dire. Ils ont mérité la mort, il est juste
qu'ils aient la peur.

Une heure après, un de mes paroissiens me faisait demander d'aller à lui au plus vite. C'était
un fonctionnaire. Depuis deux jours on le tortu-
rait moralement, on le menaçait, la pointe du
sabre sur la poitrine, tantôt de le tuer, tantôt de

le faire prisonnier de guerre, s'il ne livrait aux Prussiens deux cent cinquante bouteilles de vin de Champagne mousseux ; il n'en avait que trois ou quatre, qu'on l'accusait encore d'avoir cachées ; etc. etc. Il me dit qu'on allait le faire mourir, qu'on se préparait à le traîner à la queue d'un cheval. On l'emmenait en effet dans le moment. Il me pria de le suivre ; il me montra un cheval blanc attaché derrière une voiture attelée. Vous le voyez, me dit-il : voilà le cheval, ils veulent *faire un exemple*. Je le rassurais, et l'effroi qu'il éprouvait me gagnait malgré moi. Il me contraignit en quelque sorte à entendre sa confession et à lui donner l'absolution dans la rue. Il me remit son porte-monnaie et ses clefs, me fit ses recommandations pour sa femme et son fils, absents. Je n'oublierai jamais l'expression des tortures qu'il éprouvait...

Ce n'était qu'une feinte de leur part, avec peut-être une crainte exagérée de son côté. Mais les deux jours de persécution qu'il avait subie, la pointe du sabre plusieurs fois tournée contre sa poitrine, expliquaient trop bien cette épouvante.

Le même jour, une heure après, un père de famille vient me trouver en pleurant. Il a enfermé, pour qu'elles soient en sûreté, deux de ses filles de treize à quatorze ans dans une pièce de l'étage de sa maison.

Les soldats qui ont tout pillé, et ont même déchiqueté deux paires de draps qu'il ne leur convenait pas d'emporter, veulent encore avoir la clef de cette chambre, où sont ses deux enfants, et un peu de linge qu'il y a déposé en hâte. Le pauvre père me conjure de lui venir en aide. Cette fois, la chose est facile : une partie de sa maison sert d'ambulance. Je prie mon excellent pharmacien de m'accompagner ; il s'empresse, arrive, admoneste les deux soldats ; la porte de la chambre s'ouvre, les enfants en nous voyant sèchent leurs larmes ; et trois mots écrits à la craie sur la porte rendent cette chambre inviolable.

Voilà, Madame, quelques-unes des scènes dont j'ai été témoin à Beaumont ; où, vous le savez, les choses se sont *bien* passées. Tous mes paroissiens ont observé le droit des gens secondaire, et exercé la charité chrétienne en soignant les blessés prussiens autant que cela leur a été permis. Ils n'ont attenté à la vie d'aucun Prussien, et les Prussiens n'ont attenté à la vie d'aucun de nous. Nous n'avons eu que les quinze jours de famine dont je vous ai parlé, le pillage, les réquisitions, le *Rinderpest*, le typhus des hôpitaux qui a enlevé une vingtaine de mes paroissiens, l'épouvante et le découragement qui en ont tué à peu près autant. Nous n'avons payé qu'une dizaine de mille francs en espèces, et à l'heure où j'écris ces lignes, on ne nous demande que soixante-cinq mille francs, ou cinquante francs par tête, pour tenir lieu des contributions *indirectes* que le gouvernement français ne perçoit pas.

Décembre 1870.

ONZIÈME LETTRE.

Les principes de 89. — Catéchisme du Droit des Gens. —
Guillaume de Rochefort. — Conclusion.

—

Madame,

Mon intention était de vous retracer beaucoup
d'autres incidents plus ou moins instructifs et
intéressants , qui ont suivi la Bataille de Beaumont. Mais il faut savoir se borner, et je ne puis
me permettre de vous entretenir indéfiniment
sur le même sujet. D'ailleurs , ce qui pourrait
vous intéresser, fatiguerait ceux à qui ces lettres sont aussi destinées. Nous vivons dans un
temps où l'on prétend à la science , et l'on veut
que tout le monde soit savant. Mais le fait est
qu'on ne sait plus lire. Peut-être est-ce aussi la
faute des écrivains. Quoi qu'il en soit, on ne lit
plus que des brochures, je dois me soumettre à

la loi , et ne pas faire un livre. Cette lettre sera donc la dernière.

Les cinq mille blessés recueillis à Beaumont le soir de la bataille n'y pouvaient demeurer long-temps. Quelques jours après, la plupart étaient évacués ; les uns , ceux qui n'avaient reçu que des blessures légères , en Allemagne ; d'autres , pour peu qu'ils fussent transportables , dans les villes et villages voisins. La mort , hélas ! se chargeait aussi d'évacuations quotidiennes. Il me fut permis de m'entretenir plus longuement avec plusieurs de ceux qui nous restèrent.

C'est le résumé de ces conversations qui fera l'objet de cette dernière lettre.

Les entretiens étaient animés , et le sujet en était sérieux et élevé. Tout y portait , les malheurs publics comme les épreuves privées. Le souvenir cruel de ces grands désastres de Beaumont et de Sedan , si graves par leurs résultats et leurs enseignements ; la pensée d'un avenir plus grave encore, et si sombre ; d'un autre côté, les carrières brisées , les membres mutilés , les souffrances purifiantes , souvent sanctifiées par des retours à la religion ; tout, en vérité, comme eussent dit les anciens, portait à la sagesse. Puis l'esprit de fraternité respectueuse , qui naît si vite dans des circonstances comme celles-là , le besoin plus vif d'épanchement , contribuait à débarrasser l'esprit de ces préjugés , et la conversation de ces maximes de convention qu'on a acceptées toutes faites, que l'on émet par habitude et que l'on soutient ensuite par amour-propre. En deux mots, on était sincère et loyal au possible ; et les entretiens , tout en roulant sur des sujets sérieux , ne manquaient pas de cet entrain et de cet enjouement qui font partie du tempérament français.

Aussi, n'aurai-je qu'à consulter ma mémoire pour vous reproduire fidèlement ce qui s'est dit alors sur les *principes* de 89.

Au jugement de tous, c'était principalement la notion du devoir et la conscience qui nous avaient fait défaut lors de la Bataille de Beaumont.

Un jour , j'entrepris de prouver que cet obscurcissement de l'esprit et cette mollesse des cœurs étaient en conformité avec certaines maximes modernes , que l'on range ordinairement dans la catégorie du *progrès*, sous le nom de conquêtes de 89 ; et je demandai la permission de justifier la conduite du général de Failly et de son État-Major par les principes de 89. Elle me fut accordée , et j'en usai , à peu près , dans les termes suivants :

Les opinions sont libres. Chacun son opinion ; chacun pour soi et Dieu pour tous, opinion

publique , progrès , bien-être , civilisation moderne : voilà la pacotille. Avec cela , ils sont
blancs comme neige.

En effet , *l'opinion* du général de Failly et de
son État-Major était qu'il n'y aurait pas de bataille le 30 août. Ils se sont conduits conformément à cette opinion. C'est pour cela qu'ils n'ont
pas pris la peine de se garder, de faire battre nos
bois pendant la matinée, d'envoyer des reconnaissances, pas même à quatre cents mètres de nos
premiers campements ; c'est pour cela qu'ils ont
laissé, jusqu'à midi, les troupes campées au sud
de Beaumont en dépit de toute règle et du sens
commun ; c'est pour cela que , de ce côté, les
canons et les caissons étaient enfouis dans un pli
de terrain. En conséquence, on pouvait déjeuner
en ville, conformément au progrès de la civilisation moderne, jouir du bien-être en disant : Chacun pour soi et Dieu pour tous. *L'opinion publique,*
dignement représentée par l'État-Major et les
officiers supérieurs, était de cet avis.

A quoi bon des précautions , puisqu'on n'est
là que pour quelques heures, et que l'on va partir musique en tête, pour Mouzon ?

— Mais , objecta un officier , cette opinion
était mal fondée.

— Sans doute ; mais aussi remarquez que cela
n'importe nullement. Les opinions ne sont-elles

pas libres ? Si les opinions sont libres, celle de l'État-Major l'était. Et si elle l'était, nous n'avons rien à dire , nous n'avons pas le plus petit reproche à faire au Général ni à son État-Major. Nous devons respecter la liberté des opinions. Toutes les opinions sont respectables parce qu'elles sont libres. C'est 89 et le Progrès qui le disent ; et c'est l'Évangile moderne.

— Au diable 89 , et ce prétendu évangile moderne ! répliqua l'officier. Cela révolte le sens commun ; et ce n'est pas parler sérieusement. Je me soucie fort peu de l'opinion de messieurs de l'État-Major. Qu'ils fassent leur devoir, parbleu ! Qu'ils observent les règles , qu'ils se gardent, et ne nous laissent pas surprendre et massacrer inutilement. Après cela , qu'ils aient telle opinion que bon leur semble , je les laisse parfaitement libres.

— Vous parlez d'or, et les quatre paroles que vous venez de prononcer, sont vaillantes comme l'épée d'Hercule et la vôtre : elles tranchent le nœud de la question. Mais puisque vous avez si lestement dénoué ce vilain écheveau, allons plus loin, examinons-en les fils ; et nous verrons que les billevesées modernes ne tiennent pas, comme vous le dites fort bien, devant le sens commun.

Le fait est que les opinions sont libres, et cet adage a été formulé par la sagesse de nos pères longtemps avant 89. Seulement , on ne le comprend plus ; et le siècle des lumières ne sait ce qu'il dit ni ce que nos ancêtres ont voulu dire. Le dernier point lui importe peu : car il fait profession de mépriser les ancêtres, malgré le quatrième précepte du Décalogue qui nous commande de les honorer ; et il ne veut dater que de 89.

Oui , les opinions sont libres. Mais aussi les hommes ne doivent pas se conduire d'après leurs opinions ni celles des autres , précisément parce qu'elles sont libres. Les hommes doivent se gouverner par des règles et des maximes certaines , et non pas par des opinions libres. Les *opinions* n'obligent à rien , et elles ne peuvent engendrer aucun devoir. Autrement, les obligations seraient opposées les unes aux autres, et il n'y aurait plus de règle de morale. Voyez le beau chaos qui sort de là. Mon devoir serait différent du vôtre , comme mes opinions différeraient des vôtres ; votre devoir, du devoir de votre camarade ; puisque les opinions peuvent différer et diffèrent , précisément parce qu'elles sont libres.

Il faut avoir le courage de l'avouer, et d'en rougir pour notre époque ; les fous de 89 n'ont pas compris le mot *opinions* ; il veulent que tout soit *opinions*, et ils suppriment ainsi la notion du devoir. La religion, *opinion* ; ils disent : les *opinions religieuses*. La politique, *opinion* ; ils disent : *opinions politiques*. Partant, plus de devoirs religieux, plus de devoirs sociaux. Faut-il s'étonner que nous soyons en pleine désorganisation intellectuelle et morale ?

Notez encore qu'ils ont eu soin de séparer la politique de la religion, et qu'ils veulent absolument, en d'autres termes, que l'homme ait deux consciences, c'est-à-dire qu'il n'en ait plus du tout.

Pour couronner cette œuvre de destruction, vraiment misérable, ils ont fait une idole, plus absurde que toutes celles du paganisme, plus abrutissante que le fétiche le plus informe : ils l'appellent « l'Opinion publique » ; et ils prétendent obliger chacun à se courber devant elle et à l'adorer.

Ainsi, ils disent que les opinions sont libres et que chacun a les siennes ; et en même temps ils disent que personne n'a le droit d'en avoir, ou qu'on doit les brûler en holocauste, avec respect et les yeux fermés, devant le fétiche de *l'opinion publique*, dont ils font « la Reine du monde ». Vous savez qu'ils ont la prétention d'abhorrer le despotisme. Eh bien ! ils reconnaissent cette reine, ils la proclament, et ils en font non pas une reine constitutionnelle, régnant sans gouverner, mais bel et bien le plus despotique et le plus tyrannique de tous les monarques passés , présents et futurs, qui ne souffre ni n'endure aucune contradiction ni opposition d'aucune sorte , et qui interdit jusqu'au conseil et à la remontrance.

L'officier m'interrompit :

— Mais avec quoi feront-ils leur *opinion publique*, si chacun a ses opinions, et si les opinions sont libres et personnelles ? Et en vertu de quelle logique voudront-ils l'imposer, même à un seul homme ?

— La logique? N'en demandez pas aux adorateurs d'un fétiche. Il y a peu de jours, je causais avec un d'entr'eux. Comme je le pressais quelque peu sur je ne sais plus quel sujet, il se mit à me dire que la logique ne valait rien, que l'homme ne devait pas être logique, et que pour lui, personnellement, il détestait la logique.

Sur le troisième point, je le crus sans difficulté. Sur les deux autres, je lui fis observer que l'adjectif *logique* est synonyme de *raisonnable*. Dire que la logique ne vaut rien, c'est donc dire que la raison ne vaut rien ; et prétendre que l'homme ne doit pas être logique, c'est avouer que l'homme ne doit pas raisonner, ni agir avec raison.

Au reste, si vous y regardez bien, vous trouverez que leur *opinion publique*, cette reine adorable, ressemble beaucoup à ce que les anciens appelaient *Fama*, le bruit, ou le tapage public. Mais les anciens s'étaient sagement abstenus de faire de *Fama* une reine absolue , et un criterium infaillible. Les anciens élevaient beaucoup de temples à toutes sortes de personnes et de choses, mais ils savaient parfois apprécier les idoles qu'ils y logeaient, et ils n'en faisaient pas toujours des fétiches, maîtres absolus de leurs corps et de leurs âmes. Leur *Fama*, la Tapageuse publique, était la dernière sœur des orgueilleux Titans, que la Terre avait enfantée dans sa colère rebelle contre le ciel,

Ira irritata deorum.

Pour eux, *Fama*, — lisez l'opinion publique, si vous voulez, — était une peste, la peste, au vol le plus rapide :

Malum, quo non aliud velocius ullum.

Virgile, qui n'était point un sot, lui trouve une figure aussi hideuse et aussi monstrueuse que celle de *Polyphème,* lorsque les compagnons d'Ulysse eurent crevé au géant son œil unique. Virgile, tout en la décorant d'une centaine d'yeux et d'oreilles, et d'autant de bouches, l'appelle tout uniment un monstre, un monstre énorme, fait pour inspirer l'horreur :

Monstrum horrendum, ingens.

et encore, une idole dégoûtante :

Dea fæda.

Et la raison qu'il en donne, c'est qu'elle s'accroche avec ténacité à tous les mensonges et à toutes les perversités :

Ficti pravique tenax.

Voilà, tracé par la main d'un maître, le portrait de la Tapageuse publique, cette idole ancienne dont les prôneurs de la civilisation moderne ont entrepris de faire une déité toute puissante et toute sage, une reine absolue et infaillible. Après cela, pensez-vous qu'ils aient bonne grâce à venir se moquer de nous, parce que nous croyons, sur la parole de l'Évangile, que Dieu n'a pas voulu laisser le monde dans les ténèbres, et qu'il préserve d'erreur son Vicaire pour nous préserver d'erreur nous-mêmes, et notamment du culte de leur fétiche ?

Au fond, cette opinion soi-disant publique est leur enfant ; et je dirai peut-être un jour comment certains Titans peu connus s'y prennent pour lui donner naissance, la nourrir, et la produire dans le monde ; et dans quel but ils font croire aux badauds qu'elle est une divinité.

En attendant, il demeure acquis que les folles maximes dont nous venons de faire justice, ont contribué pour beaucoup à démolir chez nous la notion et le sentiment du devoir, et à faire de l'armée de Napoléon III une « armée sans science et sans conscience. »

Le mot a été dit à Beaumont plusieurs fois ; et on l'a trouvé juste. Seulement nous avons toujours aussi fait cette remarque, que lorsqu'on dit : *une armée*, on ne veut pas dire l'armée tout entière, et qu'il restait de bons éléments dans la nôtre.

Mais, Madame, ce qui nous paraissait le plus amèrement ironique et le plus insensé, c'était la prétention de notre époque à la supériorité sur toutes les autres, et la facilité misérable avec laquelle on était venu à bout de persuader aux Français en particulier, qu'ils étaient le premier peuple du monde, le plus *avancé*. Quelle sanglante équivoque ?

Lorsque nous reçûmes la nouvelle du désastre de Sedan, que nous apprîmes, à n'en pouvoir douter, que les choses s'y étaient passées comme à Beaumont et à Mouzon, et plus tristement encore ; que le tiers à peine de l'armée s'était battu sérieusement ; que les généraux par dizaines, et les soldats par dizaines de mille, erraient dans la ville pendant la bataille ; que quatre-vingt mille hommes s'étaient rendus du jour au lendemain, avec plus de quatre cents pièces de canon : lorsque la réalité se montra ainsi brutalement à nous, la réalité de la *civilisation moderne et du progrès*, tous les voiles furent déchirés ; et nous convenions humblement qu'on nous a leurrés trop longtemps avec ces mots vagues, sans signification déterminée, et au demeurant vides de sens. Nous comprîmes que le Vicaire de Jésus-Christ a la lumière, puisque, seul en Europe, il n'a pas craint de flétrir solennellement dans l'immortelle Encyclique, le prétendu Progrès et la soi-disant civilisation moderne.

Je ne puis ici disserter longuement, Madame, sur ces formules trompeuses, par lesquelles on a voulu (et l'on a réussi !) remplacer ou faire oublier Dieu et ses saints commandements, et la Loi naturelle et la Loi religieuse, qui donne la science aux petits, et rayonne si purement de sa propre lumière. J'espère que l'ère du *progrès* et de la *civilisation moderne* est fermée, ou le sera bientôt, et que ces honteux soliveaux resteront dans l'immonde cloaque où ils nous ont embourbés, et dont nous sortirons, nous, avec la grâce de Dieu, par le retour à l'observation de sa Loi.

Mais je voudrais, en quelques pages, faire partager ma conviction à ceux qui m'auront suivi jusqu'à la fin ; cette conviction est que l'ignorance des choses les plus essentielles d'une part, le mépris de l'homme et de la vie humaine de l'autre , ou la barbarie , sont parvenus à leur comble dans le siècle des lumières, et à l'époque qui s'appelle *humanitaire,* et se caractérise elle-même assez bien par ce barbarisme.

II

Ce soir, j'ai reçu une visite : celle d'un homme intelligent , qui s'est dévoué depuis douze ans à l'éducation des enfants du peuple ; il y a dépensé la fleur de ses ans et les richesses d'une vigoureuse santé ; plusieurs années durant , il a travaillé jusqu'à seize heures par jour, dont douze dans l'atmosphère des classes ; il a fait joyeusement tous ces sacrifices pour l'amour de Dieu et en vue du salut et du bonheur de son prochain. Il est maître d'école instruit et très-consciencieux.

Au nombre de ses fonctions, se trouve celle d'apprendre la lettre du catéchisme aux petits garçons , et de la leur expliquer en père de famille.

Or à propos de la guerre, il m'a posé les questions suivantes : Qu'est-ce dont que le Droit des Gens ? Et où le trouve-t-on ?

Je lui répondis : Monsieur , le Droit des Nations se trouve dans les commandements de Dieu comme tous les droits et tous les devoirs possibles. Les commandements de Dieu regardent les nations comme les particuliers , puisqu'elles se composent de particuliers.

> Dieu en vain tu ne jureras ;
> Faux témoignage ne diras ;
> Homicide point ne seras ;
> Bien d'autrui tu ne prendras ;
> Bien d'autrui ne convoiteras ;

Voilà les principes du droit des gens. Quant aux conséquences et aux applications , elles sont développées dans des ouvrages généraux et spéciaux de théologie , de morale et de jurisprudence. Mais de quelque nom qu'on les appelle , ces livres ne sont que de grands catéchismes, ou des commentaires détaillés de ces cinq préceptes, gravés par le Créateur dans le cœur de l'homme, promulgués sur le Sinaï , repromulgués par Notre-Seigneur Jésus-Christ, et toujours enseignés et rappelés par son Vicaire sur la terre.

Je remarquai que le visage de mon interlocuteur , un instant contracté par l'étonnement , s'était immédiatement détendu pour exprimer la joie, la joie que fait naître dans les belles âmes la vue subite de la vérité.

Il comprenait , sans autre explication , qu'il n'est pas plus permis aux rois et aux nations de tuer ou de faire tuer des hommes injustement, de se parjurer en violant des traités , de voler ou de vouloir voler des provinces avec des soldats armés qui tuent, que cela n'est permis au moindre particulier, à Cartouche, à Mandrin ou à Vidocq.

Pourquoi cet excellent maître, instruit sur toutes les choses de sa profession, ne s'était-il jamais rendu compte de cette notion du droit des gens ?

Pour une raison toute simple, Madame. C'est que nos catéchismes, au mépris des prescriptions du Concile de Trente, ne sont pas conformes au catéchisme romain, ne disent plus mot de la guerre, ni rien qui éveille l'idée du Droit des Gens. Béni soit notre Saint-Père Pie IX qui, au Concile du Vatican, a proposé et fait adopter pour toute l'Église la nécessité d'un petit catéchisme universel, dans lequel, soyez-en sûre, ces notions si nécessaires ne seront pas omises.

Cette suppression si grave par ses conséquences, comme nous le verrons, et dont ce digne homme avait pâti comme tant d'autres, me remettait en mémoire une parole des saints Livres :

« Si le bois vert est ainsi traité, que deviendra le bois sec ? »

Le bois sec brûle en ce moment et est, depuis six mois, dévoré par le feu de la guerre. Si l'esprit de Dieu ne lui infuse pas une sève nou velle, la sève antique de la Loi naturelle, le bois sec brûlera, hélas ! tant qu'il y en aura.

A la place des préceptes du Décalogue , si simples et si lumineux, voyons ce qu'on a essayé d'introduire dans le monde, en matière de droit des gens.

Dieu en vain tu ne jureras. — Faux témoignage ne diras. — Le parjure ne s'appellera plus de son nom : on le nommera *dénonciation des traités.* Les peuples verront leurs pères signer des contrats au nom de la sainte et indivisible Trinité ; et quelques années après , ils les verront renier leur signature publiquement. On se contentera , pour toute pudeur , d'employer une expression ancienne dans une acception nouvelle et inouïe. Au lieu de dire crûment : Je me parjure, je renie Dieu et la très-sainte Trinité , et je déchire les contrats que j'ai signés ; on dira : *Je dénonce le traité.* Cela suffira à la ladrerie et à la cécité de la civilisation moderne, qui s'ébahira un instant, pour bientôt regarder le parjure comme un homme honorable ; et les autres pères des peuples s'asseoiront auprès du renégat comme en bonne compagnie, à l'effet de ratifier sa félonie.

C'est ce que vient de faire la Russie, en ajoutant avec une impudeur insultante : Je ne touche pas à la question d'Orient ; je ne fais que *dénoncer un traité.*

> Faux témoignages tu ne diras,
> Ni mentiras !

Pour venir à bout de violer et de faire violer par un ou deux millions d'hommes armés le cinquième et le septième précepte du Décalogue, c'est-à-dire la Loi naturelle dans ses prescriptions les plus graves et les plus évidentes, il suffira de lancer des phrases comme celles-ci : *Besoins de l'époque, aspirations nationales ; influence, prépondérance, développement de races ; frontières naturelles ; nationalités ;* et toutes ces formules informes dont la presse du *progrès* et de la *civilisation* soûle chaque jour jusqu'à l'hébètement les civilisés modernes. Car il n'est pas un organe de cette presse, enfant prodigue s'il en fut jamais, qui ne soit continuellement occupé à remâcher ces immondices de la pensée et du langage. *De siliquis porcorum !*

Non, il n'est pas d'ignorance comparable à celle-là, à l'ignorance du siècle des lumières. Vous ne trouverez pas dans les temps passés, des gouvernements qui aient osé compter sur l'engourdissement moral et intellectuel de leurs peuples, au point d'articuler tout haut de pareils barbarismes, pour procéder aux tueries des nations et au vol des provinces.

Dévisageons un ou deux de ces masques, de ces hypocrisies, et voyons ce qu'il y a dessous.

Besoins de l'époque, *aspirations* nationales. — Équivoque , équivoque maudite. En français , cela doit s'appeler *désirs*. Désires-tu le bien, ou le mal ? Qui que tu sois, Roi ou peuple, et à quelque heure du temps que tu vives, si c'est le bien que tu désires, je suis tranquille. Quiconque désire le bien ne fait pas le mal ; et tu ne voleras ni ne tueras injustement pour réaliser tes désirs du bien. Si c'est le mal qui est entré dans ton cœur, si le mal est devenu un *besoin* pour toi , en un temps ou en un autre, refoule, comprime énergiquement ces abominables aspirations, et souviens-toi du précepte : *Non concupisces ;* tu n'auras pas de désirs injustes, et tu ne t'abandonneras pas à des cupidités coupables.

Frontières naturelles. — Qu'est-ce qu'une frontière ? — C'est une limite, et pas autre chose. Qu'est-ce qu'une limite naturelle ? — Le voici : Un homme possède un pré borné par la forêt du Dieulet, une montagne d'Argonne ou la rivière de Meuse, et un autre pré séparé par une simple borne du pré de son voisin. Dans le premier cas, la limite est naturelle.

Donc j'ai un paroissien dont la propriété, assez grande et belle, vraiment, longe une petite propriété appartenant à un autre, laquelle longe elle-même la Meuse. Ils possèdent tous deux en vertu de contrats qui ont cent ou cinquante ans de date. Si le premier venait dire au second : La Meuse est ma limite naturelle, en conséquence je vais vous prendre votre pré ; et si vous vous y opposez, je vous tue, vous et les vôtres ; que ferait-on de cet homme ? On s'empresserait de l'enfermer comme fou, et comme fou dangereux.

Et des gouvernements, sans être fous, voudront faire cela ? Mais ce seraient des voleurs et des assassins, pas autre chose. Et si la nation, au lieu de s'y opposer, veut suivre son gouvernement dans cette voie, elle devient une nation de voleurs et d'assassins ; et les autres peuples n'ont d'autre ressource que de lui résister à main armée ; ressource extrême et terrible même pour celui qui l'emploie, et qu'on n'emploiera, par conséquent, qu'après avoir épuisé tous les moyens de calmer ces criminels insensés. Alors la guerre sera juste et nécessaire. Car il est juste et nécessaire de ne laisser pas le vol et l'assassinat, ou d'autres grandes scélératesses, prendre pied impunément dans le monde, et de maintenir la Loi divine et naturelle sur la terre.

C'est pour cela, Madame, que nous avons commis un crime en attaquant la Prusse, et que la Prusse commet le même crime, en continuant cette horrible guerre. Nous voulions lui voler son Rhin, sous prétexte que c'est une limite naturelle : voleurs et assassins, nous l'étions. Les Prussiens victorieux ont voulu à leur tour voler l'Alsace et la Lorraine : voleurs et assassins, ils le sont.

Vous vouliez me voler, je vous en empêche : c'est bien. Si je veux vous voler à mon tour, je ne vaux pas mieux que vous, et vous avez raison de vous y opposer. Encore une fois, la guerre est un moyen extrême pour punir les méchants et empêcher le mal, et non pas pour le faire. Les nations sont de grandes familles, et leur terriroire est leur propriété. Les cessions de *territoire* et de *nationaux*, dans les grandes familles qui sont les nations, ne peuvent pas plus se faire par violence que les adoptions dans les familles privées. Il y faut le consentement libre du père, qui est le gouvernement, et des fils, qui sont tous majeurs dans la nation. La Prusse admet que les enfants de l'Alsace et de la Lorraine ne veulent pas entrer dans la famille prussienne ou allemande. Elle veut les y faire entrer de force. C'est tout comme si un homme disait à un autre : Vous m'avez blessé, vous m'avez nui ; je vous ai puni, vous allez me payer le tort que vous m'avez fait, et de plus, je vous prends vos enfants et vos biens. Il n'y a pas deux droits naturels encore une fois ; il n'y en a qu'un, qui est le même pour les nations et les individus.

Après Forbach, Reichsoffen et Wœrth, la Prusse devait déjà offrir la paix avant de continuer la guerre, conformément à l'enseignement chrétien ; parce que la volonté doit toujours être à la paix, et qu'on ne doit faire la guerre que malgré soi, c'est-à-dire par nécessité. *Pacem habere debet voluntas, bellum necessitas.* Voilà une régle du droit des gens que vous trouverez dans l'antique Droit canon, et dans tous les auteurs, catholiques et protestants, qui en ont traité. Or lorsque notre armée du Rhin eut été culbutée sur toute la ligne en deçà des frontières Prussiennes, il n'y avait plus nécessité pour la Prusse de faire la guerre (à moins que nous n'eussions pas voulu de la paix par orgueil), puisque nous n'étions plus en état de lui nuire alors. La Prusse n'a pas même songé à parler de paix à cette époque : ce fut son premier crime dans cette guerre. — Car elle devenait l'agresseur et l'envahisseur à son tour. Or dans ce cas, même lorsque l'agression est juste, il faut préalablement offrir la paix. C'est encore une maxime du droit des gens que vous trouverez dans tous les jurisconsultes qui l'ont prise dans la sainte Écriture elle-même : *Si quando accesseris ad expugnandam civitatem, offeres ei primum pacem. — Pacem ;* la paix, entendez-le bien, et non pas l'esclavage.

Mais après Beaumont et Sedan, et lorsque

nous eûmes confessé notre péché, la Prusse doubla son crime et le rendit évident comme la clarté du jour, en refusant la paix, et en déclarant qu'elle voulait prendre du territoire et asservir des hommes. Elle déclara ainsi manifestement qu'elle voulait voler à son tour, et voler en assassinant.

En outre, cette conduite fait peser des doutes terribles et rend vraisemblables les accusations contre la *droiture d'intention* du gouvernement prussien avant la guerre ; et la droiture d'intention est une des conditions absolument requises, pour n'être pas un Caïn, du gouvernement qui fait même une guerre juste. Le gouvernement prussien ne désirait-il pas secrètement cette guerre, pour réaliser son hégémonie et son unité prussienne, si longuement méditée et poursuivie souvent dans le passé par de si criminelles voies ? Pourquoi ces préparatifs immenses, complets à l'heure accidentelle ? Pourquoi tout un peuple de soldats ? Pourquoi cette presse allemande, exprimant sans désaveu, depuis Sadowa, l'inique convoitise de l'Alsace et de la Lorraine ? Pourquoi cet habile traité *défensif* avec les États du Sud, suivi de si près de cette provocation adressée à la susceptibilité française ? Je veux dire ce semblant de projet de la candidature d'un Hohenzollern au trône d'Espagne, alors que déjà celle du fils de l'Excommunié était présentée, et au fond agréée, comme elle l'a été publiquement depuis, pour mieux plonger les nations latines dans le bourbier des divisions et des hontes religieuses et morales ?...

Mais ce thème demanderait à lui seul une brochure, et il est inutile à mon sujet principal (1). Du reste, Madame, je crois que M. Urquhart songe à le traiter en ce moment, et il est plus compétent que moi.

Revenons. La Prusse donne un motif, et se prétend dans la nécessité de prendre l'Alsace et la Lorraine. Examinons ce motif et cette nécessité.

Quelques jours après la bataille de Beaumont, c'est-à-dire dans les premiers jours de septembre, je faisais visite au capitaine Wermelskirch. Il avait en main un journal : c'était le *kladerradatchs*, le charivari de Berlin.

La charge représentait une bête, que saisissaient ensemble, en la forçant à se tenir debout sur le siége, M. de Moltke et le Prince Royal de Saxe. D'un bras ils la serraient, de l'autre main chacun d'eux présentait à M. de Bismarck une

---

(1) Il n'y a plus aujourd'hui aucun doute ; les desseins antérieurs et longuement mûris de la Prusse, le piége Prim-Bismarck, la complicité de la Russie, la connivence de l'Angleterre sous couleur de neutralité, tout cela est livre ouvert aujourd'hui pour quiconque sait seulement épeler. — (*Note de la seconde édition.*)

patte de derrière de la bête , sur les longues griffes de laquelle on lisait : *Elsas* et *Lothringen.* M. de Bismarck, armé d'une paire de grandes lunettes et d'une forte paire de ciseaux , s'apprêtait à les rogner.

Vous devinez la légende imprimée sous cette charge allégorique : « Il faut rogner les griffes de la bête , afin qu'elle ne puisse plus nuire à l'avenir. »

Voilà Madame, le motif allégué pour continuer cette guerre atroce. C'est bien celui qu'a formulé plusieurs fois M. de Bismarck lui-même , pour expliquer la prétendue nécessité de continuer la guerre.

Qu'est-ce à dire ? — Nous avons ici la pensée et le langage de la nation qui se dit et se croit , et que la grande majorité de la presse, marchande de progrès, proclame la plus civilisée du monde. Nous avons , dis-je , sa pensée sur la France , qu'on nous a donnée aussi jusqu'à présent comme une nation très-civilisée. Enfin, quelqu'un vient d'attester solennellement que toutes deux , la Prusse et la France, sont vraiment très-civilisées ; et ce quelqu'un doit être compétent pour parler de la civilisation et du Progrès : car il y est jusqu'au cou. C'est l'Excommunié, qui, à l'ouverture de son parlement il y a quelques semaines, s'exprimait ainsi, en désignant la France et la Prusse :

« Deux peuples, deux des principaux représentants du Progrès et de la Civilisation moderne. »

Eh bien, d'après M. de Bismarck, la France est une bête féroce ; et la Prusse, avec ses alliés, mord et déchire la bête féroce avec une férocité incontestable, et se propose d'en emporter un morceau ou deux tout-à-l'heure. — Et voilà, dirait Tacite, ce qu'ils appellent la civilisation : *Trucidare et trucidari* SÆCULUM *est.*

O mon pays, tu as déjà confessé ton crime, et tu as renié ton agression injuste et criminelle. Tu n'as pas fait cet aveu par lâcheté, puisque depuis lors tu te débats saignant, sous les serres de l'aigle noir que Dieu a lâché contre toi. Achève ta confession ! Confesse tous tes crimes, peuple à la fois incroyant et fidèle ; peuple d'athées et d'apôtres ; peuple de Voltaire et de Jeanne d'Arc ; peuple ami de la lumière vive et nette, et des brouillards de la pensée, peuple du Christ qui aime les Francs, dépouille-toi de toutes tes iniquités et purifie-toi de toutes tes scories modernes ; reprends ton beau vêtement de foi, de respect, d'intelligence, de générosité. Puis, demande à Dieu la grâce de chasser l'étranger qui t'étreint, et de renvoyer l'aigle noir dans son aire. Mais surtout, si Dieu te fait un jour cette grâce, je t'en supplie, surtout je t'en supplie ! ne songe jamais à lui prendre son Rhin , et redonne au monde l'exemple de la justice.

J'aurais fini , Madame , si je n'avais à conclure. La conclusion des raisonnements est facile : l'ignorance la plus désastreuse des principes les plus élémentaires du Droit naturel , remplacés par des formules équivoques et vides , que le progrès , la civilisation et l'opinion publique , divinités modernes , nous donnent comme le comble de la perfection et de la supériorité ; le mépris le plus éhonté des hommes et de la vie humaine ; la barbarie la plus féroce : voilà la guerre de 1870 et la situation présente.

Mais cette conclusion est insuffisante.

Il faut dire et redire les principes élémentaires du Droit des Gens ; il faut que tous les pères et toutes les mères de famille , tous les maîtres de l'enfance les enseignent aux petits , afin que les générations nouvelles ne soient plus témoins ni acteurs dans de pareils drames , au péril de leur salut.

Il faut donc à ces lettres une conclusion pratique ; je veux y aider pour ma part ; et j'insère ici , sous une forme didactique , simple , claire , sous cette forme usitée dans l'Église pour enseigner les petits enfants , quelques-uns de ces principes si graves , dont l'oubli amène le déluge de sang et de ruines que nos yeux , noyés de larmes , contemplent dans ces tristes jours.

*_**

D. Est-il permis à un chrétien de prendre part à la guerre?

R. Il est permis de prendre part à une guerre juste ; et c'est une obligation pour ceux que les lois y appellent.

D. Est-il permis à un chrétien de prendre part à une guerre injuste ?

R. Jamais il n'est permis de prendre part à une guerre injuste : et celui qui le fait est coupable d'homicide devant Dieu et devant l'Église.

D. Pourquoi dites-vous qu'il est coupable d'homicide devant Dieu ?

R. Parce que le cinquième commandement de Dieu défend de tuer injustement ; que dans une guerre on tue , et que dans une guerre injuste, on tue injustement.

D. L'Église considère donc aussi comme des homicides ceux qui prennent part à une guerre injuste ?

R. Oui ; elle les considère comme des homicides et des meurtriers ; et elle prononce contre eux des peines spéciales.

D. Quelles peines l'Église a-t-elle portées contre ceux qui prennent part à une guerre injuste ?

R. L'Église leur a infligé des peines particu-
lières, selon les temps et les circonstances ; quelquefois elle les a condamnés à un jeûne de plusieurs années. Mais elle a établi dès les premiers
siècles une peine infamante qui subsiste toujours.

D. Quelle est cette peine infamante ?

R. C'est l'interdiction et l'incapacité de recevoir ou d'exercer aucune fonction sacrée : ce
qu'on nomme *l'irrégularité pour cause de crime de
meurtre*, laquelle peine est encourue sans distinc-
tion par tous ceux qui prennent part à une guerre
injuste.

D. L'Église suppose donc que les fidèles, simples citoyens ou soldats, pèchent en prenant part
à une guerre injuste ?

R. Apparemment, puisqu'elle les punit dans
ce cas, et les traite de meurtriers.

D. Quels sont les moyens pour les fidèles,
simples citoyens, officiers ou soldats, de s'assurer
qu'une guerre n'est pas illicite pour eux, et ne
les rendra pas homicides ?

R. Ces moyens sont semblables à ceux que doivent prendre et que prennent les exécuteurs des
sentences judiciaires ordinaires. Ainsi, de même
qu'un huissier ne doit pas mettre à l'encan les
meubles d'un citoyen, ni un bourreau donner la
mort à un homme, avant de s'être assurés qu'un

jugement et **une** sentence régulière ont été préalablement prononcés, sans appel ou après le rejet de l'appel, de même les soldats ne doivent prendre part à une guerre, qu'autant qu'elle a été précédée d'un jugement et d'une sentence régulière contre la nation qui est en cause.

D. Suffit-il que le jugement et la sentence aient été prononcés ?

R. Non. Il faut encore qu'elle ait été solennellement notifiée à la nation mise en cause, et qu'il apparaisse que celle-ci a été mise en demeure de réparer le tort dont elle s'est rendue coupable.

D. Cette condition est-elle rigoureusement nécessaire pour que la guerre devienne licite aux particuliers appelés, à quelque titre que ce soit, à y prendre part ?

R. Oui, cette condition de la notification, de la mise en demeure, et du refus de réparer le tort, est rigoureusement nécessaire. Et c'est ce qu'on appelle la Déclaration de guerre.

D. La Déclaration de guerre ne consiste donc pas dans un acte par lequel une nation fait savoir à une autre qu'elle va tuer, piller et brûler ?

R. Non. Il n'y a que quelques peuplades sauvages et les civilisés modernes qui appellent cela Déclaration de guerre.

D. Pourquoi dites-vous que la Déclaration de

guerre, telle que vous la définissez, est rigoureu·
sement nécessaire ?

R. Je le dis : 1° parce que cette doctrine est
celle de tous les théologiens, et de tous les Jurisconsultes, même païens, comme Cicéron ; 2° parce que, selon le langage du Saint-Siége apostolique, « la Guerre étant comme une bête féroce
« qui dévore tout, » il n'est permis d'y recourir
que comme à un moyen extrême et inévitable
d'empêcher le mal ; 3° parce qu'on lit cette obligation en termes formels dans la Sainte-Écriture,
où Dieu fait cette prescription au peuple de l'Ancien Testament : « Lorsque tu seras dans le cas
de faire la guerre à un peuple, tu lui offriras préalablement la paix. »

D. Appartient-il aux particuliers d'examiner
les considérants du jugement et les motifs de la
sentence de Déclaration de Guerre, et de se diriger d'après cet examen ? c'est-à-dire de prendre
part à la guerre ou de refuser d'y prendre part,
selon que les griefs reprochés à la nation en cause
leur paraîtront suffisants ou non pour motiver la
guerre ?

R. Cela leur appartient de la même manière
que dans tous les autres cas où ils reçoivent des
ordres de leurs supérieurs. Ils doivent examiner
suffisamment les motifs notoires de la sentence,
pour s'assurer au moins que la guerre qui. leur

est commandée n'est pas visiblement injuste ; et s'ils sont dans le doute , ils doivent obéir. C'est la doctrine de saint Augustin , et cet enseignement a été adopté par l'Église dans la partie de l'antique droit canon, qui traite de la Guerre et de l'état Militaire.

D. Pourquoi avez-vous dit qu'ils doivent *au moins* s'assurer que la guerre n'est pas visiblement injuste ?

R. Parce que c'est la règle générale , et qu'il est des circonstances où les fidèles sont tenus d'examiner de plus près les motifs mis en avant pour faire la guerre.

D. Quelles sont ces circonstances ?

R. Par exemple, si l'on vit dans un temps où il est notoire que les Gouvernements et les Scribes de toutes sortes font profession de négliger la Loi divine et religieuse, et couvrent les prétentions les plus injustes sous de profanes nouveautés de paroles ; comme, s'ils font profession de substituer à Dieu et à ses commandements les idoles fantastiques de *Progrès*, de *Civilisation moderne*, de *Libéralisme* , et des formules obscures et louches , telles que : *Besoins de l'époque , aspiration nationale, orgueil national, développement des nationalités*, etc. ; ou de soutenir que la source de tous les droits, et par conséquent de tous les devoirs , est l'État séparé de l'Église et de la

Religion, et que, par conséquent, les supérieurs peuvent commander tout ce qui leur plaît ; — nouveautés condamnées par le Saint-Siége. Dans ces circonstances, les inférieurs doivent examiner de plus près les Déclarations de Guerre, même régulièrement faites, parce qu'il n'y a plus lieu pour eux d'invoquer l'axiome que *dans le doute le supérieur est présumé avoir raison.*

D. Pourriez-vous citer quelques exemples à l'appui des deux principaux points de doctrine pratique que vous avez établis ?

R. On pourrait en citer un grand nombre. Je vais en citer deux.

1. Chez les anciens Romains, ce n'étaient ni les Consuls, ni le Sénat, ni le peuple en comices, mais bien un Tribunal spécial, appelé « Collége des Féciaux, » qui examinait et décidait juridiquement les causes de guerre. Un jour, certains Romains notables, députés comme ambassadeurs vers les Gaulois alors en guerre avec Rome, trouvant que les négociations n'aboutissaient pas assez vite à leur gré, les rompirent, et sans nouvelle décision du Collége des Féciaux recommencèrent la guerre. Les Gaulois cessèrent immédiatement les hostilités, et portèrent l'affaire à Rome même. Non seulement leur réclamation fut accueillie, mais des sacrifices nombreux et extraordinaires furent offerts par les Romains pour

expier cette énorme violation du Droit des Gens.

2. Pour les temps chrétiens, voici un exemple qui en vaut mille. Saint Maurice et ses compagnons, martyrs, c'est-à-dire une légion de 6600 hommes, préféra se laisser deux fois décimer et ensuite entièrement massacrer, plutôt que de consentir à prendre part à une guerre *injuste dans ses motifs.*

***

Pour finir, Madame, permettez-moi d'ajouter un autre trait d'histoire.

Pendant la minorité de Charles VIII, roi de France, le duc d'Orléans, depuis Louis XII, et certains seigneurs mécontents, s'étaient retirés en Bretagne, à la cour du duc François II, et avaient réussi à l'entraîner dans leur parti. De concert avec eux, et avec Maximilien d'Autriche, intervenant comme beau-père de Charles VIII, le duc fit la guerre au roi, son suzerain ; non sans avoir, pour le dire en passant, envoyé un Mémoire juridique signé de Maximilien, au gouvernement de la régente, selon les formes prescrites par le Droit des Gens. Au fond, c'était une rébellion. Ils perdirent la bataille de Saint-Aubin-du-Cormier, et le duc de Bretagne demanda la paix.

Outre sa qualité de suzerain du duc, le Roi de France prétendait certains droits sur le duché même de Bretagne, du chef de Nicole, qui avait testé en faveur de son père. Aussi, dans le Conseil d'État, saisi de la demande de paix des Bretons, les premiers qui opinèrent ne traitaient pas la question au point de vue du droit, mais faisaient plutôt ressortir les avantages qui résulteraient de la continuation de la guerre. Quand vint le tour d'un conseiller nommé Guillaume de Rochefort, il se leva et fit un discours que l'historien Anquetil rapporte ainsi :

« Ceux qui ont parlé avant moi ont montré
« que la conquête de la Bretagne est facile ; per-
« sonne n'a examiné si elle est juste. C'était
« cependant par là qu'il fallait commencer.
« Sans doute pour un prince sans religion, il
« suffit qu'un pays voisin soit à sa bienséance,
« pour qu'il se croie autorisé à s'en emparer ;
« mais un prince chrétien a d'autres règles à sui-
« vre dans sa conduite. Il doit à l'univers l'ex-
« emple de la justice. Le roi, je le sais, réclame
« des droits sur la Bretagne ; mais ces droits
« n'ont pas encore été soumis à l'examen légal.
« Que l'on nomme promptement des commis-
« saires éclairés et intègres, qu'on leur four-
« nisse les titres respectifs, qu'on leur laisse
« une entière liberté de les discuter. Si après
« un sévère examen les prétentions du roi sont
« jugées injustes, *ou même douteuses*, il n'y a point

« à délibérer. La conquête de la Bretagne fut-
« elle encore plus facile, il faut y renoncer. »

Le Conseil d'État se rangea de l'avis de Guillaume de Rochefort , et la paix fut faite !

Vous ferez , Madame , et les lecteurs de ces
lettres feront facilement l'application de cet
exemple à la guerre de 1870 et à la situation
présente. Qu'ils prononcent ensuite entre une
époque de ténèbres et le siècle des lumières !
entre ce Conseil d'État de la fin du XVᵉ siècle ,
qui , en pleine guerre injustement suscitée, et
en plein succès , s'arrête , donne la paix et
renonce à une conquête facile , simplement
parce que les *droits* du Roi sur la province à
conquérir n'ont pas encore été *légalement exa-
minés* , — et ces civilisés de Prusse , qui sans
prétendre aucuns droits sur l'Alsace et la Lorraine , autres que ceux de la force , comme l'a
assez crûment avoué M. de Bismarck, non seulement *ne s'arrêtent pas* , ne veulent pas *d'examen
légal* , mais bien la conquête sauvage , et pour
y parvenir , montrent le plus cruel mépris de
l'homme et de la vie humaine , dans cette
guerre d'extermination féroce.

« Malheur pour vous , malheur pour nous , »
m'ont dit beaucoup d'Allemands avec qui j'ai
causé de la guerre à leur passage depuis la
Bataille de Beaumont. — « Oui, leur répondais-

je. Mais voici qui est plus grave : Crime de nous d'abord , crime de vous maintenant. »

Depuis six mois que dure cette effroyable boucherie , parmi tous les diplomates et les souverains de l'Europe , et leurs ministres , il ne s'est pas levé un Guillaume de Rochefort pour prononcer le mot de *JUSTICE !* Ils vont se réunir ; si Guillaume de Rochefort n'en est pas, malheur à l'Europe !

Un évêque que vous connaissez bien , Madame , me racontait il y aura bientôt deux ans , que le Saint-Père , oppressé à la vue des maux de l'ancien monde , lui disait : Ces rois règnent si mal , que Dieu permettra peut-être bientôt qu'il n'y ait plus d'intermédiaires semblables entres les fidèles et le Saint-Siége , entre le Père et ses enfants.

J'ignore quelle était , au juste , la portée de ces paroles. Mais il est temps que les chrétiens rapprennent le Droit des Gens, et le Catéchisme du Pape ; que chacun songe au salut de son âme, et au salut de la chrétienté.

3 Janvier 1871.

DOCUMENT CONCILIAIRE

LE DROIT DES GENS

———

Nous imprimons ici un document conciliaire
qui, pour n'être pas un décret, ni une définition,
n'en est pas moins plein d'intérêt. Ce n'est qu'un
Projet, dû à l'initiative de quelques prélats. Mais
si l'on se rappelle qu'un *Postulatum* relatif à la
nécessité d'une définition à nouveau du Droit des
Gens par le Pape en Concile, a été signé l'an dernier par les évêques d'Orient d'abord, et ensuite
par plus de deux cents prélats, — si l'on considère ce document en lui-même, et qu'on remarque qu'il n'est que la reproduction de l'antique
doctrine de l'Église, et comme un tissu des tex-
tes du droit canonique, on en saisira facilement

la haute valeur , et l'on regrettera une fois de plus, que le Concile du Vatican ait été forcément suspendu par le Souverain-Pontife. Que de sang et de larmes seraient épargnés à l'Europe et au monde, si les nations chrétiennes prenaient plus de soin pour n'étouffer pas la voix de l'Église, et obéissaient à son Chef !

Voici ce document, dont nous possédons un exemplaire imprimé tel qu'il a été arrangé pour être distribué par un archevêque d'Orient à la Commission conciliaire compétente :

(Les Éditeurs.)

VI

DE RE MILITARI ET BELLO.

VOTUM SYNODI.

Quum in hisce luctuosissimis temporibus , sicut in diebus Noe , diminutæ sint veritates a filiis hominum (1), et multi jam non regnum Dei et justitiam ejus (2), sed quæ sua sunt, quærant (3), videre est et imprimis in iis quæ ad Rem Militarem spectant , omnem æquitatem conculcari et omnia jura permisceri. Itaque , dum quidam hac tristi rerum conditione commoti , sed non secundum scientiam sanctam (4) sentientes, somniant tempus futurum quo homines , licet Deum non secuturi (5) non tamen amplius ulla bella videbunt, alii e contra bella quæcumque , vel potius strages et homicidia magna et horribilia reputant licita ; ita ut et nocendi cupiditas , et ulciscendi crudelitas , impacatus atque implacabilis animus, feritas rebellandi , libido dominandi, et si qua similia, non jam culpentur in bello (6).

' Psalm. II, 2.

' Matth. 6, 33.

' Philipp. 2, 21.

⁴ Rom. 10, 2.

⁵ Quod si nolueritis sequi eum (Dominum).... Vos causa eritis *necis* omnium (Num. 32, v. 15).

6 Decr. 2 part. Caus. XXIII, quæst. I, can. 4.

Hinc illæ immensæ multitudines et exercitus perpetuo armatarum nationum, quasi perpetuo inter se hostilia parantium. Compertum igitur habemus et eos qui bella jubent aut parant, et eos quibus hæc jubentur, non jam amplius imperare et obedire juste (1) sicut præcipit ordo naturalis, sed oblitos esse aut parvi pendere hoc grave et quidem inter homines gravissimum mandatum Domini, olim per Moysen servum suum dicentis : Non occides (2). Haud minus oblivioni vel despectui dederunt et antiqua dicta Sanctorum Patrum, et præscripta Conciliorum a Sancta Sede probatorum, necnon et ipsorum summorum Pontificum documenta atque judicia, quibus constat nunquam in Ecclesia sancta Dei damnabiles non fuisse habitos tanti præcepti in hac parte transgressores.

Cujus erroris et agendi rationis perversæ causa hæc non omittenda est, nec sub silentio dissimulanda, scilicet impietas istorum qui adversus Deum et adversus Christum ejus infrementes (3) contendere ausi sunt omnium jurium originem et fontem esse cujuscumque, ut aiunt, reipublicæ statum (4), et quidem ab Ecclesia sejunctum aut sejungendum (5) ; et, quia abyssus abyssum invocat, in pejus prorumpentes, inficiati sunt Morum leges divina non egere sanctione (6) et opus non esse ut leges humanæ ad naturæ jus conformentur (7).

<hr>

1 Ibid.

2 Exod. XX, 13.

3 Psalm. 2, 1. 2.

4 Syllabus complectens præcipuos nostræ ætatis errores. XXXIXª Propositio damnata.

5 Ibid. LVª Prop. damnata.

6 Ibid. LVª Prop. damnata.

7 Ibid. Ibid.

Verum enim vero, unis est Legislator (1), et legimus in veteri Testamento Dominum dixisse populo suo : « Ego Dominus, et non est alius (2), » et Filio suo : « Postula a me et dabo tibi *Gentes* hæreditatem tuam (3). » Quas postulavit Filius Dei unigenitus quando exinanivit semetipsum, et in similitudinem hominum factus (4), intravit in hunc mundum, dicens : Ecce venio ut faciam , Deus, voluntatem tuam (5) ; et datæ sunt ei quando seipsum dedit in cruce Redemptionem pro omnibus (6), omnia trahens ad seipsum (7). Hinc Ipse Idem Amantissimus Redemptor, Rex Regum et Dominus Dominantium (8) dixit Apostolis et Petro : « Sicut misit me Pater, et ego mitto vos : euntes ergo docete omnes gentes, docentes eos servare omnia quæcumque mandavi vobis (9), » deinde Petro soli, et in ipsius persona Petri, soli Romano Pontifici ejus successori. « Pasce oves meas (10), » meas, inquit, et generaliter, non singulariter has vel illas, per quod commisisse sibi intelligitur universas (11). Et ita cœlestem ei protestatem tradens quodcumque ligandi et solvendi in terris (12), constituit eum tanquam suum Vicarium super Gentes et Regna (13), id est, super quoscum que rerum

1 Jac. IV, 12.
2 Esaï. XLV, 18.
3 Psalm. 2, 8.
4 Philipp. 2, 7.
5 Hæbr. 10, 9.
6 I Timot. 2, 6.
7 Johan. XII, 32.
8 Apoc. XIX, 16.
9 Matth. XXVIII, 20.
10 Joan. XXI, 17.
11 Constit. *Unam Sanctam, De Majoritate et obedientia.*
12 Matth. XVI, 19.
13 Jerem. I, 10.

publicarum status ; postquam efficaciter, ut decet verum Filium Dei (1), rogavit pro eo ut non deficeret fides ejus, ad confirmandum fratres suos (2). Si ergo Deus voluit esse plures Potestates in Ecclesia sua, spirituales scilicet et temporales, eas quoque voluit esse inter se ordinatas, et gladium sub gladio (3). Igitur Ecclesiæ unius et unicæ, unum corpus, unum caput, non duo capita, quasi monstrum, Christus videlicet et Christi Vicarius (4). Cui tanto Vicariatu fungenti, et unico plenitudinis apostolicæ hæredi nos quidem inhærentes a quo et ipse episcopatus noster emergit (5), cum lacrymis oramus et deprecamur in hac Synodo solemniter congregata, Summum Deum ac Patrem, ut illuminet intelligentias omnium et corda Spiritu sancto suo, eo fine ut tandem omnes Gentes et Regna et populi et nationes et reges terræ, quibus coadunatur et coadunari debet unicum ovile (6) Domini nostri Jesu Christi sub Pastore uno ipsius Vicario (7), cui easdem omnes oves suas commisit, vere et plene agnoscant *Dominum Apostolicum* tanquam Patrem omnium Gentium et Episcopum totius Ecclesiæ (8), et jam non amplius circumferantur omni vento doctrinæ (9), sed ab ipso dirigantur in viam salutis æternæ ; et sic justitiam et

1 I Joan. V, 20.

2 Luc. XXII, 31 et seq.

3 Constit. *Unam Sanctam, De Majoritate et obedientia.*

4 Ibid.

5 Epistola Innocentii I, ad concilium Carthaginiense, 91° inter epist. Augustini, sic : A quo ipse episcopatus et tota auctoritas nominis hujus emersit.

6 Joan. X, 16 et seq.

7 De Majoritate et obedientia loco cit.

8 Prout definivit Pelagius II, Constitut *Manifesto*. Item episcopus totius orbis. C. *Ad honorem* 4.

9 Ephes. IV, 14.

veritatem sectantes (1) transeant per temporalia, ut tranquillam vitam agentes æterna non amittant (2) ; ad Eum recurrentes cum bona voluntate tanquam ad Arbitrum et Judicem , in omnibus rebus quæ impediunt eorum perpetuam pacem (3). — Interea confidentes divinæ providentiæ auxilio quæ tantam orbi felicitatem in tempore opportuno præstabit , errores in hac parte et perversas agendi rationes profligere statuimus, necnon et profiteri ac declarare Jus Gentium et Pontificium circa Rem militarem ac Bellum , sicuti profitemur et declaramus in capitulis sequentibus.

CAPITULUM PRIMUM.

De Solemnitatibus Belli.

Jus Gentium circa Rem Militarem et Bellum ante omnia requirit Solemne Belli (4). Hinc bellum injustum est, ac proinde homicidiis et latrociniis plenum, quod non ex edicto et præedicto geritur (5) , id est quod non fuerit ante omnia parti adversæ indictum ac publice denuntiatum. Denuntiatione autem belli intelligitur gravaminum objectorum publica declaratio, cum legitimæ et competentis reparationis aut satisfactionis petitione, parti adversæ per legatos solemniter facta. Indictionis

1 Rom. IX, 30.

2 Oratio Ecclesiæ.

3 Id. Feria VI in Parasceve.

4 Jus militare est belli inferendi solemnitas....., (Decr. 1 part. dist. 1, c. x.)

5 Justum est bellum quod ex edicto geritur (Dec. 2 part. Caus. 23, quæst. 2, c. 1) corr. Rom. — In codicibus legitur ex præedicto. (Ibid.)

vero nomine intelligere fas est edictum quasi judicia-
rium quo publice denuntiantur belli causæ, simul ac
partis adversæ contumacia. Dominus enim in veteri
Testamento jussit populo suo dicens : « Si quando acces-
« seris ad expugnandam civitatem (1) » et agebatur
etiam de civitatibus ab ipso Domino rejectis et damna-
tis, — « offeres ei primum pacem (2) ; » et legitur in
libro Judicum filios Israel misisse nuntios ad omnem
tribum Benjamin, ut traderent viros de Gabaa ad satis-
faciendum injuriæ illatæ, antequam bellum inferrent (3).
Quicumque igitur sive princeps, sive dux aut miles aut
alius bellum suscipere aut in co participare, hisce omis-
sis solemnitatibus, præsumpserit , se sciat mortaliter
peccare, et quidem in genere homicidii, tanquam auc-
torem vel complicem in solidum omnium cædium quæ
in tali bello vel potius impia strage fierent, atque insu-
per irregularitatem ex delicto, id est formalis homicidii
causa, incurrisse, secundum decreta Patrum ac Summorum Pontificum sancita (4).

1 Corr. Rom. — Citat enim (Isidorus) Ciceronem qui negat
justum esse bellum , nisi denuntiatum, nisi indictum. (Ibid.)

2 Deuter. XX, 10.

3 Judic. XX, 12 et 13.

4 In bello manifeste injusto , sive offensivo sive deffensivo,
licet pauci mutilentur seu occidantur , vel etiam unus solus
occidatur vel mutiletur, evadunt irregulares omnes militantes,
quia omnes ad homicidium cooperantur, et constituunt unam
causam totalem ad eam internecionem ; arguitur ex cap.
Sicut dignum § final. de Homicid. ; cap. *Quod in dubiis,* 5,
de Pœnis , et ibi glossa vbo *Incitant* (Ferraris , vbo *Bellum*).

CAPITULUM SECUNDUM.

De necessitate et legitimis causis ad bellum justum requisitis.

Quia vero pacem habere debet voluntas, bellum necessitas (1), et bellum vere bellua est quæ omnia devorat (2), ideo non licet absque gravi causa, et nisi vera et quasi extrema necessitate juste imperante, suscipere bellum. Testatur enim Nicolaus Papa in Responsis ad Consulta Bulgarorum , omni tempore armis abstinendum, nisi necessitas urgeat atque inevitabilis importunarum rerum adsit concurrentia (3). Abhorreant ergo Christiani principes et populi a falsis bellorum causis, seu potius a suggestionibus Diaboli, qui ab initio homicida erat (4). Olli non semel aurem præbuere cæci homines, quum ad bellandum se motos prædicarent , nunc propter vanam gloriam, seu, ut aiunt, præstigium nationale, sub cujus vocabuli fumo latet superbia vitæ, apud Joannem damnata (5) ; peccatum Draconis qui pugnabat cum Angelis ejus (6) ; nunc propter imperii extendendi vel divitiis augendi desiderium , quod non est aliud nisi concupiscentia oculorum (7), radix omnium malorum cupiditas (8),

1 Cap. *Noli* (ex Augustino) 3, Caus. XXIII, quæst. 1.

2 Rot. Rom. Part VIII, num. 9, Annot. ad d ecis. 29 — (apud Ferraris, loc. cit.).

3 Decr. 2 part. caus. XXIII, quæst. 8, c. 15.

4 Joan. 8, 44.

5 1 Joan. 2, 16.

6 Apoc. 12, 7.

7 1 Joan. 2, 16.

8 Timoth. 6, 10.

et avaritia, ab Apostolo dicta idolorum servitus (1) ;
nunc etiam propter invidiam erga cœteras nationes vel
principes, furorem hunc Caïnicum, quem semper abo-
minabitur Dominus, qui solus est jure æmulator justis-
simus, et cujus nomen privative vocatur Zelotes (2). Ete-
nim hæc eadem peccata æque ac magis (3) detestanda
sunt in Nationibus et Guberniis , quæ in hominibus pri-
vatis damnantur. At vere horrendum esset dicere in-
sontes homines qui, sive ut ostentarent se esse validos
pugiles, aut gladiatores, sive ut aliena raperent, sive
ut invidiæ cederent, proximos privata auctoritate occi-
dere meditarentur. Igitur non moveatur unquam bellum
nisi de necessario repetundis Juribus, vel hostium injuste
invadentium propulsandorum causa (4).

CAPITULUM TERTIUM.

De officiis et obedientia Ducum ac Militum.

Secundum Divi Augustini sententiam, ad malos jure
puniendos, bella gerenda ab ipsis bonis suscipiuntur,
quum in eo humanarum rerum ordine inveniuntur, ubi
eos vel jubere tale aliquid vel in talibus obedire juste
ordo ipse constringit (5). Sciant ergo Duces ac Milites se
militare debere tanquam bonos viros, Deo sacramento
Baptismi ligatos (6), ac proinde juramentum seu quod
vocant sacramentum Militiæ non adversari legi Chris-

---

1 Eph. 5, 5.

2 I Exod. 34, 14.

3 *Judicium durissimum his qui præsunt.* Sap. 6, 6.

4 Decr. 2, part. caus. XXIII, quæst. 2, c. 1.

5 Ibid. quæst. 1, c. 4.

6 Vide martyrium S. Mauritii et sociorum, apud Bolland.
Acta Sanctorum, 22 septembris.

tianæ, nec unquam adversari posse. Hinc nihil in bello justo agant contra Jus Gentium ; immunitates personarum et rerum Deo sacrarum, necnon ruricolarum et operariorum artibus pacis incumbentium, feminarum, puerorum, senum et omnium innocentium agnoscant, et rite observent (1) ; se esse justitiæ servos ac ministros, non autem crudelitatis , nec cupiditatis, nec vanæ gloriæ , meminerint ; contenti stipendiis suis , neminem concutientes (2), legitime in suo quisque gradu superioribus suis obedientiam præstent.

CAPITULUM QUARTUM.

De Auctoritate et Consilio in bellis suscipiendis et forma Judicii de Justitia Belli.

Quoad bellum suscipiendum Auctoritas et Consilium non apud cives singulatim sumptos, sed apud Nationes et earum Principes et Gubernia est. Nam cives singuli, si læsi fuerint, jure possunt ad superiores appellare vel recurrere, quin inter se aut cum alienigenis pugnent ; et ordo naturalis, mortalium paci accommodatus, requirit ut ita se Res Militaris habeat (3). Verumtamen si in Ecclesia Dei cautum est ne episcopus absque Consilio aliquid agat, pari saltem norma circa tanti momenti rem Nationes seu earum Principes et Gubernia uti necesse perspicitur. Quapropter , ut justitia et justitiæ forma in bellis suscipiendis caute servetur , opus est ut leges cujusque regni et populi statuant viros non tantum peri-

---

¹ Capit. *Innovamus*, de Treuga et Pace.
² Luc. III, 14.
³ Caus. XXIII. Quæst. 1, canon IV. (August.)

tos , sed et maxime probos consulendos esse , a quibus secundum Jus Gentium et leges evangelicas, necnon et canonicas seu Pontificias causarum belli justitia prudenter examinetur et libere declaretur. Nam Jure disceptare, est juste judicare ; et non est judex, si non est in eo justitia (1).

VOTUM SYNODI.

Et vero Patres hujus Synodi in Domino congregatæ considerantes quam difficile sit, inter tot et tantos errores ubique serpentes hunc optimun finem obtinere , *votum* sequens elicere , et sanctitati Domini Papæ humiliter commendare decreverunt, scilicet :

Ut in Urbe Roma quæ est caput totius Christianitatis et mundi , et apud hanc Sanctam Sedem apostolicam , Collegium seu Schola virorum prudentium instituatur ad restaurandam integram et sanam doctrinam de Jure Gentium, ubi etiam omnes quæstiones quæ rem quam vocant hodie Diplomaticam (Diplomatie) aliqualiter tangunt , respective ad idem Jus Gentium et ad leges evangelicas ac canonicas tractentur, ut inde magnum et maxime salutare auxilium justitiæ et pacis , per optimos et prudentiores viros qui eam scholam frequentabunt, omnibus hominibus, et maxime fidelibus (2) adquiratur.

1 De Re Militari et Bello, Quæst. II, Can. 1.
2 I Tim. IV, 10.

VI.

DE L'ÉTAT MILITAIRE ET DE LA GUERRE.

Dans ces temps malheureux, où, comme dans les jours de Noé, l'empire des vérités s'amoindrit parmi les fils des hommes et où déjà beaucoup d'entre eux cherchent non plus le règne de Dieu et sa justice, mais l'accomplissement de leurs propres désirs, c'est surtout dans l'usage de la force militaire, que l'on voit fouler aux pieds la justice et méconnaître tous les droits. Ainsi, tandis que les uns, frappés de ce triste état de choses, mais ne conformant point leurs pensées à la science sainte, rêvent un avenir où l'humanité, bien que ne s'attachant point à Dieu, ne verra plus de guerres nouvelles, d'autres, au contraire, veulent faire passer toutes les guerres indifféremment, ou plutôt les dévastations et les massacres pour également légitimes : de telle sorte qu'à leurs yeux la passion de nuire, l'ardeur sanglante de la vengeance, la haine implacable, la barbarie de la révolte, la soif de domination, et tout autre sentiment analogue, ne sont plus réputés coupables dans la guerre. De là, ces multitudes immenses de soldats, que les nations entretiennent sans cesse, comme si elles méditaient perpétuellement de se livrer bataille. En effet, nous savons certainement que ceux qui préparent et qui ordonnent les guerres, aussi bien que ceux qui exécutent leurs ordres ne commandent et n'obéissent plus selon la justice, selon les préceptes de l'ordre naturel, mais qu'ils ne se souviennent pas, ou tiennent bien peu de compte de ce grand commandement, le plus important de ceux qui concernent les rapports des hommes entre eux, que le Seigneur transmit autrefois à Moïse son serviteur : *Vous ne tuerez point.* Ils n'ont pas moins d'oubli ou de mépris pour les maximes antiques des Saints Pères, pour les prescriptions des conciles approuveés par le Saint-Siége, et pour les enseignements et les jugements des Souverains-Pontifes eux-mêmes, desquels il résulte que dans la Sainte Église de Dieu, les transgresseurs de ce précepte si capital ne cessèrent jamais d'être réputés condamnables.

Il faut se garder d'oublier et de dissimuler sous le silence la cause de cette erreur et de ces principes de conduite pervers : c'est-à-dire, l'impiété de ceux qui, se révoltant contre Dieu et contre son Christ, ont osé prétendre que l'origine et la source de tous les droits se trouvent dans le gouvernement de l'État, quel qu'il puisse être, et dans l'État séparé de l'Église ou devant en être séparé ; et qui, l'abime appelant l'abime, se sont précipités dans un excès plus coupable encore, en niant que la règle des mœurs eût besoin d'une sanction divine, et que les lois humaines dussent être conformes au droit naturel.

En effet, de toute certitude, il n'y a qu'un seul Législateur, et nous lisons dans l'ancien Testament que le Seigneur a dit à son peuple : « Je suis le Seigneur, et il n'y en a point d'autres ; » et à son Fils : « Demande-le-moi, et je te donnerai *les nations* comme ton héritage. » Le Fils unique de Dieu les a demandées en se dépouillant lui-même et revêtant la ressemblance des hommes ; il est entré dans le monde, disant : « Voici que je viens, ô Dieu, pour faire ta volonté. » Et les nations lui ont été données quand il s'est donné lui-même, sur la croix, comme prix de la rédemption universelle, attirant tout à lui. Ensuite lui-même , le Rédempteur qui nous aime d'un amour suprême, le roi des rois et le maître des puissances , dit à ses apôtres et à Pierre : « De même que mon Père m'a envoyé , je vous envoie à mon tour ; allez donc , enseignez toutes les nations , leur apprenant à garder tous les commandements que je vous ai donnés. » Il dit ensuite au seul Pierre, et dans cette personne de Pierre , au Pontife de Rome son seul successeur : « Paissez mes brebis, » *mes* brebis, dit-il, d'une façon générale, et non telles ou telles ; on doit donc entendre par ces mots qu'il lui confia l'ensemble des hommes.

Transmettant ainsi au Souverain-Pontife la puissance de lier et de délier toute chose sur la terre , il le constitua son vicaire sur les nations et les royaumes, c'est-à-dire, sur tous les gouvernements, quels qu'ils soient ; ensuite , avec l'efficacité qui convient au vrai Fils de Dieu, il pria pour lui, afin que sa foi ne défaillit point, pour qu'il pût affermir ses frères. C'est ainsi que Dieu voulut qu'il y eût plusieurs puissances dans son Église, et qu'il voulut qu'elles fussent ordonnées entre elles , et que le glaive fût soumis au glaive. Dans l'Église , une et unique , il y a donc un seul corps , une seule tête , (et non pas comme chez un monstre , deux têtes) : savoir le Christ et après lui son Vicaire. Nous qui nous attachons fortement à celui qui exerce ce Vicariat auguste , à l'unique héritier de la plénitude du pouvoir apostolique , dont notre épiscopat lui-même tire sa source , réunis solennellement dans ce synode , nous prions et supplions le Dieu infiniment grand et Père des hommes , d'illuminer toutes les intelligences et tous les cœurs de son Esprit-Saint , pour que toutes les nations, les royaumes, les peuples et les princes de la terre, des-

quels se compose et doit se composer l'unique troupeau
de Notre Seigneur Jésus-Christ sous l'unique pasteur,
son Vicaire en ce monde, auquel il a confié ses brebis,
reconnaissent enfin pleinement le seigneur apostolique
comme le père de toutes les nations et l'évêque de
toute l'Église. Alors ils ne se laisseraient plus circon-
venir à tout vent de doctrine, mais seraient dirigés par
lui dans le chemin du salut éternel ; et prenant ainsi la
justice et la vérité pour guide, ils traverseraient l'exis-
tence temporelle, de manière à mener une vie tranquille, et à ne pas perdre l'éternité ; ils recourraient au
Souverain-Pontife avec bonne volonté, comme à un
juge et à un arbitre, en toutes les choses qui empêchent
la paix de se perpétuer parmi eux.

Cependant, nous confiant au secours de la Providence
Divine qui, dans le temps opportum, donnera ce bonheur au monde, nous avons résolu de flétrir les erreurs
et les règles de conduite perverses en cette matière, et
de professer, de déclarer le droit des nations et des
peuples en ce qui concerne la guerre et l'état militaire ;
ce que nous faisons dans les chapitres suivants.

CHAPITRE I.

Des formes solennelles, requises pour la guerre.

Le droit des nations, en matière de guerre, exige
avant tout la forme solennelle. Toute guerre qui n'est
pas faite en vertu d'un édit promulgué, rendu public,
et déclarée publiquement à la partie adverse, est injuste,
et par conséquent pleine de meurtres et de brigandage.

Par *déclaration* de guerre on doit entendre une énon-
ciation publique des griefs qu'on prétend avoir contre

son adversaire , accompagnée de la demande d'une réparation ou d'une satisfaction légitime et proportionnée , faite solennellement par ambassadeur. Par *édit* l'on doit entendre une sorte de document judiciaire , où sont exposés les motifs de la guerre , et les offenses de la partie adverse.

En effet , le Seigneur , dans l'Ancien Testament , fit à son peuple ce commandement : « Quand vous serez sur le point d'attaquer une cité , — et il s'agissait des cités rejetées et condamnées par le Seigneur lui-même , — « vous lui offrirez d'abord la paix. » Nous lisons dans le livre des Juges que les fils d'Israël ont envoyé des délégués à toute la tribu de Benjamin , pour qu'on leur livrât les hommes de Gabaa , en satisfaction de l'injure faite , avant de leur faire la guerre.

En conséquence , celui qui entreprend une guerre ou qui y participe sans que ces formalités solennelles aient été accomplies , qu'il soit prince , officier ou soldat , qu'il sache qu'il pêche mortellement , et qu'il supporte , soit comme auteur , soit comme complice solidaire , la responsabilité de tout le carnage fait dans une telle guerre ou plutôt dans cette dévastation impie ; qu'il sache en outre qu'il encourt l'irrégularité attachée à l'homicide formel , selon les décrets des Pères et les décisions des souverains Pontifes.

CHAPITRE II.

Des causes graves et extrêmes, requises pour faire la guerre.

La paix devant toujours être voulue , et la guerre acceptée par nécessité seulement , parce que la guerre est une bête feroce qui dévore tout, il n'est point permis d'entreprendre une guerre sans motif grave, sans qu'elle soit commandée par une nécessité réelle, impérieuse et pour ainsi dire extrême. Le pape Nicolas en effet, dans sa réponse aux Bulgares qui le consultaient, atteste qu'il faut s'abstenir des armes, à moins que l'on n'y soit forcé par la nécessité et par un concours inévitable de circonstances malheureuses. En conséquence, que les princes et les peuples chrétiens aient en horreur les faux motifs de guerre, ou plutôt les suggestions du diable, qui fut homicide dès le commencement. Trop souvent des hommes aveuglés lui ont prêté une oreille docile, quand ils se proclamaient conduits à combattre tantôt pour la vaine gloire, ou, comme ils disent, pour établir le *prestige national*, mot vague sous le nuage duquel se cache l'orgueil de la vie, réprouvé par saint Jean ; péché du Dragon qui combattit à la tête des anges rebelles ; — tantôt, à cause de la soif du pouvoir ou des richesses, ce qui n'est autre chose que la *concupiscence des yeux*, la cupidité, racine de tous les maux, et l'avarice, que l'apôtre nomme esclavage des idoles. Tantôt encore, par l'envie qu'excite la grandeur des autres nations ou des autres princes, fureur de Caïn contre Abel, que le Seigneur a toujours en abomination ; car lui seul a le droit absolu et infiniment juste de n'avoir point de rival, et il s'est réservé le nom de *Dieu Jaloux.* Tous ces péchés, qui sont condamnés chez les simples particuliers, le sont également, et sont plus détestables encore chez les nations et les gouvernements. Il serait vraiment horrible de dire que ceux-là ne sont point coupables, qui, soit pour faire étalage de leur force, comme des athlètes ou des gladiateurs, soit pour enlever le bien d'autrui, soit par envie, méditeraient de tuer leur prochain de leur autorité privée. En conséquence , que jamais la guerre ne soit entreprise , sinon pour récupérer des droits nécessaires qu'on ne peut revendiquer autrement, ou pour repousser une invasion injuste.

CHAPITRE III.

Des devoirs et de l'obéissance des chefs et des soldats.

Selon l'avis de saint Augustin, la guerre peut être faite pour infliger aux méchants une juste punition, par les justes eux-mêmes , quand ils se trouvent dans un ordre des choses humaines tel, que cet ordre les contraint de commander la guerre ou d'y obéir justement. Que les officiers et les soldats sachent donc qu'ils doivent exercer leur état en hommes vertueux, liés à Dieu par le sacrement du baptême, et que leur serment militaire ne les oblige et ne peut les obliger à rien qui soit contraire à la loi chrétienne. Ainsi donc, dans une guerre juste, qu'ils ne violent en rien le droit des gens, qu'ils reconnaissent et observent fidèlement les immunités des personnes et des choses consacrées à Dieu, des cultivateurs, des ouvriers qui se livrent aux travaux de la paix, des enfants, des femmes, des vieillards, et de tous ceux qui ne peuvent nuire ; qu'ils se souviennent qu'ils sont des instruments et des ministres de justice, non de cruauté, d'avidité, ni de vaine gloire ; qu'ils soient contents de leur solde, n'exercent de violence sur personne, et obéissent, chacun dans son grade, à leurs supérieurs.

CHAPITRE IV.

De l'autorité et de la délibération pour entreprendre une guerre, et de la forme du Jugement en matière de guerre.

En ce qui concerne la décision d'une guerre, l'autorité et la délibération n'appartient pas aux citoyens pris en particulier, mais à l'ensemble des nations, à leurs princes et à leurs gouvernements. En effet, si les simples particuliers ont été lésés, ils peuvent en appeler ou recourir en droit à leurs supérieurs, pour éviter le conflit entre eux ou avec les étrangers. L'ordre naturel, disposé pour la paix entre les hommes, exige que les affaires militaires se traitent de cette façon. Et, certes, si l'Église a pris soin que les évêques ne puissent rien entreprendre sans conseil, on comprend que les nations, leurs princes ou leurs gouvernements, dans une chose de telle importance, ne peuvent agir sans s'entourer des mêmes garanties. Voilà pourquoi, pour que la justice et les formes juridiques puissent être soigneusement observées dans la guerre, il est nécessaire que les lois de tout royaume, de tout peuple, statuent que l'on doit consulter des hommes non-seulement expérimentés, mais avant tout probes, qui examinent la justice des causes d'une guerre, non-seulement au point de vue du droit des gens et des lois évangéliques, mais aussi des décisions canoniques ou pontificales, et qui déclarent librement leur opinion. Car pour juger justement, il faut débattre la cause selon le droit ; et il n'y a pas de vrai juge, si la justice n'est en lui.

VŒU DU SYNODE.

Et les Pères de ce Synode réunis dans le Seigneur, considérant à quel point il est difficile, entre tant d'erreurs, et d'erreurs si grandes qui se glissent de toutes parts, d'obtenir ces résultats si désirables, ont résolu d'émettre le vœu suivant et de le recommander humblement au Saint-Père :

Que dans cette ville de Rome, qui est la tête de tout le christianisme et du monde, et près de ce Saint-Siége apostolique, un collége ou bien une école d'hommes sages et prudents soit instituée, pour restaurer la véritable et saine doctrine du droit des gens, et pour traiter, conformément à ce droit des nations et aux lois évangéliques et canoniques, toutes les questions qui ont rapport à ce qu'on nomme aujourd'hui la *diplomatie*, afin que de là vienne, par le moyen des hommes vertueux et judicieux qui fréquenteront cette école, à tous les hommes, et en particulier aux fidèles, un secours puissant et vraiment salutaire pour maintenir la justice et la paix.

RÉFÉRENCES ET CONCORDANCES

I

MARCHE DE L'ARMÉE DE MAC-MAHON.

Vᵉ Corps. « Le 20 août à midi , l'État-Major général et la division Lespart arrivèrent au camp de Châlons. La division Goze et l'une des brigades de l'Abadie (de la division l'Abadie) devaient arriver le 21...

« Les divisions Goze et l'Abadie, par suite des retards subis à Chaumont... furent dirigées sur Reims directement... Le 22 août , le Vᵉ corps tout entier, fut rallié à Reims. Le 23, le Vᵉ corps fut dirigé par Pontfaverger sur Rethel ; il y arriva le 24... Le 25, il campa à Amague, le 26, au Chesne-Populeux ; le 27 , il reçut ordre de se diriger sur Buzancy,.. et de rétrograder sur Chatillon. Dans la nuit du 27 , un contr'ordre envoyé par le maréchal de Mac-Mahon enjoignit au Vᵉ corps de se diriger de nouveau vers Buzancy... Le 28,... le Vᵉ corps fut dirigé par Bois-des-Dames. » (Campagne de 1870. Opérations et marches du Vᵉ corps jusqu'au 31 août, par le général de Failly, commandant le corps d'armée ; pp. 28, 29, 35, 38, 41.)

Iᵉʳ Corps. « 23 août, de Cormontreuil à Saint-Hilaire-le-Petit et Bethniville. — 30 kilomètres. — 24 août , de Saint-Hilaire et Bethniville à Juniville. — 14 kilomètres. — 25 août , de Juniville à Attigny. — 18 kilomètres. — 26 août , d'Attigny à Semuy et Voncq. — 8 kilomètres. — 27 août, marche sur Vouziers... jusqu'à Terron (3 à 4 kilom.) retour à Voncq. — 28 août, de Voncq au Chesne. — 9 kilomètres. »

— (La Journée de Sedan , par le général Ducrot, page 85 et suiv.)

XIIe et VIIe Corps. — L'itinéraire que nous donnons dans le texte, pour ces deux corps, est conforme à celui que donne le général Ducrot, dans la « Journée de Sedan ». — De plus, nous avons transcrit ce qui suit d'un carnet ayant appartenu à Jacques Aynier, musicien de 1re classe , tué à Buzancy dans la nuit du 5 septembre , avec d'autres prisonniers , sur lesquels tira l'escorte prussienne, croyant qu'ils cherchaient à s'évader. — Ce carnet est entre les mains de M. le docteur Brion fils, maire de Buzancy :

« 2e Division du VIIe corps , 1re brigade , 37e de ligne. — Le 21 août, Sillery. 22, séjour. 23, Saint-Etienne-à-Arne. 24, Contreuve. 25 , Vouziers. 26 , changement de campement. Quatre heures du soir, alerte (*résultat de la panique de Bordas à Grandpré*). 27, idem , séjour. 28, à trois heures du matin , parti de Vouziers pour Boult. (*Il y a onze kilomè-tres* (1).) — 29, parti de Boult à *dix* heures pour Oches (*Il y a également onze kilomètres*) ; arrivé à *sept* heures du soir. — Le 30, parti d'Oches pour Angecourt. — 31, d'Angecourt à 7 heures du matin , et à 9 heures à Floing. Réception. Midi, bataille. Français vainqueurs ; 27 pièces de canon pri-ses à l'ennemi. (!!!). 1er septembre , bataille à 5 heures du matin entre Sedan et Angecourt. — 1er village (en partant pri-sonniers pour l'Allemagne) Donchery. — Chehery. — Che-mery. »

Les lecteurs feront d'eux-mêmes leurs réflexions sur cer-tains passages du carnet de ce soldat.

(1) C'est de Boult-aux-Bois que le général Douai, invité par le général de Failly à le rallier le 28 après-midi vers Buzancy, lui fit répondre que ses troupes étaient *trop fatiguées.* (Campagne de 1870, ouv. cité,-page 41).

II

ENGAGEMENT DE BUZANCY (le 27 Août).

Nous avons dit dans le texte, que M. de Failly ignore peut-être encore qu'il n'avait en face de lui, ce jour-là, qu'une reconnaissance de cinq cents hommes environ, avec du canon, lesquels s'attendaient a être littéralement enlevés.

On lit dans la brochure du général commandant le Ve Corps :

« Je donnai ordre à la cavalerie, qui nous précédait, de pousser en avant une reconnaissance (*à* 1500 *mètres*), de culbuter quelques escadrons qui nous avaient été signalés en avant de Buzancy... La cavalerie, sous les ordres du général de Brahaut , poussa à fond de train et avec élan cette reconnaissance... Mais bientôt elle dut s'arrêter devant un ennemi *fort supérieur en nombre*... Massées sur le flanc opposé de la montagne, *nous ne pûmes apprécier la force de ces troupes*. Mais nous apprîmes plus tard que le corps tout entier du général de Goltz se trouvait devant nous. »

M. de Failly aurait pu ajouter à cette dernière phrase : « à trois lieues en arrière des troupes dont nous ne pûmes apprécier la force. » — En effet, il est notoire dans la contrée que le corps Saxon ne vint loger dans les villages de Tailly, Bayonville, Landres, Imécourt, Landreville, par lesquels il lui fallait passer pour venir vers Sivry et Buzancy , que le lendemain 28 ; notoire, que la tête des colonnes saxonnes ne dépassait pas, de ce côté-là, le 27 , le village appelé Grand-Cléry. Outre la notoriété, c'est ce que m'a affirmé en particulier M. Brion , maire de Buzancy. M. le Curé de ce chef-lieu, interrogé par M. Couty, architecte, auteur de nos cartes, lui a écrit dans le même sens. Et cela ressort en outre, du récit de M. Lamacq, qui traversa les lignes prussiennes dans l'après-midi même du 27, pour venir renseigner le Maréchal Mac-Mahon. Les forces *qui étaient devant nous,* étaient donc bien réellement une simple reconnaissance de cavalerie, avec une batterie volante.

III

LA JOURNÉE CRITIQUE (le 28 Août).

L'armée de Mac-Mahon pouvait-elle ce jour-là et le lendemain dans la matinée tourner l'Argonne, et passer la Meuse ? La réponse résultera de ce qui suit :

MARCHE DES CORPS PRUSSIENS ET ALLEMANDS

de la IIIe et de la IVe armée ; et leur position le 28 Août, au matin.

Ier Corps Bavarois. — Extrait du carnet de notes d'un brigadier de gendarmerie bavarois, copié sous mes yeux par lui-même, avec ce titre : « Mars'ch route ». — Nous laissons l'orthographe : « 25 (août) : Bar-le Duk, Bosé la cote. (Bar le Duc, Bussy la Côte).

26 (au soir) : Pierrevitte (Pierrefitte).

27 (au soir) : Montli la Brülle (?).

28 (au soir) : Varennes.

29 (au soir) Sommerange. (Sommerance).

30 : Biseancy (Buzancy), Rocurt (Raucourt), Remilly , *gefangt.* »

Ainsi , les Bavarois sont , le 28 au matin, à une longue étape au-delà de Varennes , entre cette ville et Pierrefitte , c'est-à-dire à plus de seize lieues de Beaumont , vers le midi.

IIe Corps Bavarois. — « Le IIe corps Bavarois marche dans la même direction, derrière le premier. »

Corps de la Garde. — « *Grandpré, département des Ardennes , 30 Août.* — Après la triste étape de Clermont , les espérances sur Grandpré où le quartier-général *a été transféré le* 29, étaient très-minces. La route suit toujours le long de l'Aire, rivière qui dans cette contrée presque dépourvue d'eau, n'a aucune importance. (A Clermont, règne souvent, pendant l'été, la plus grande disette d'eau.) A moitié chemin, l'on arrive à Varennes , célèbre par la capture de Louis XVI. Ce lieu est plus beau et plus agréable que Clermont ; la ville a deux grandes places, dont la première est entourée de deux rangées de tilleuls, fort bien taillés. Les rues montent et descendent. C'est ici que le Roi déjeûna avec sa suite. A la pluie avait succédé un vent très-froid, qui sentait l'automne. Lorsque, à midi, le soleil perça les nuages , Grandpré se dessina... Ce lieu , qui est du département des Ardennes, dont nous avons franchi la limite près Baulny , a 1400 âmes ; mais il est le centre du commerce d'une région riante et fertile. Aux murs on voit des proclamations françaises toutes fraîches... Grandpré est situé dans un grand défilé.. Le mouvement des troupes continuait dans ce bourg... C'était un spectacle saisissant, lorsque le Roi a passé la revue d'un bataillon de fusiliers du 7me grenadiers *de la Garde Royale*, et a donné la croix de fer, etc. *Les régimens* qui défilaient... accusaient les résultats des batailles précédentes (Wissembourg et Wœrth) : beaucoup d'officiers manquaient. »

(Kreuzzeitg. reprod. par div. journaux allemands,
notamment par la Slesischzeitung, septembre 1870.)

Nous avons donné cet extrait un peu long, parce qu'il révèle, chez son auteur, qui l'écrivit le lendemain (la veille de la bataille), une connaissance très-exacte du pays traversé, et l'accent de la sincérité en même temps que l'esprit d'observation.

Il résulte de ce témoignage que la GARDE, elle aussi, ne dépassa pas Clermont le 28. Le Roi, Bismarck et Moltke, y étaient depuis la veille. Mais comme ils attendirent, pour se mettre en route le lendemain 29, que le IVᵉ corps et les Bavarois les eussent rejoints, et couverts un peu à leur droite, il s'ensuit que la GARDE, eût-elle occupé Clermont toute entière avec le Roi, dès le 28 au matin, ne faisait pas plus obstacle au passage de la Meuse à Beaumont et Mouzon, que si elle eût été à une étape en arrière de Clermont, c'est-à-dire à quinze lieues de nous.

IVᵉ Corps prussien. — Nous renvoyons, pour ce corps, au récit du docteur Schmit, inséré dans notre texte. — Qu'il partît des Islettes, ou de Villote devant Belrain, sous Pierrefitte, le 28 au matin, il n'en reste pas moins certain que le gros du IVᵉ Corps n'arriva à Vauquoy, et Montfaucon, que le soir du 28 ; et par conséquent, le matin du même jour, il était encore plus éloigné de nous que les précédents, c'est-à-dire à plus de quinze lieues.

Armée du Prince de Prusse. — **VIᵉ, Vᵉ Armee-corps, et Wurtembergeois.** — *« Vienne le château, 29 Août, quartier-général du VIᵉ Armee-corps.* — Aujourd'hui, marche longue et forcée. Depuis huit jours, ni relâche ni trève, et en avant ! De grand matin l'on décampe, et c'est très-tard le soir qu'on se repose. L'infanterie surtout est à plaindre. Aujourd'hui elle s'est mise en route entre cinq et six heures du matin, et elle arrivait le soir entre neuf et dix heures au quartier, ou pour mieux dire au bivouac. Et pourtant, toujours le meilleur esprit.... Les soldats marchaient encore le soir, sans avoir rien mangé de la journée, et n'avaient que la perspective de faire la soupe la nuit. Ces efforts *colossals* viennent de ceci : que *l'ennemi nous a échappé*, et que *nous ne pouvions pas l'atteindre*..... Le quartier-général du Prince-Royal était hier (28 *août*) à Sainte-Menehould ; (Ve corps et Wurtembergeois, comme il résulte de ce qui suit).

« Le quartier-général du VIe corps, *qui était à Verrières,* reçut dans le cours de la journée la destination de Vienne-le-Château. Vers dix heures, tout le corps était concentré *autour de* Sainte-Menehould. Artillerie, cavalerie et colonnes d'ambulance marchaient en avant... Les immenses équipages de ponts *du* Ve *corps, les colonnes de munitions* et de vivres *des Wurtembergeois* étaient obligés de quitter la route.. Les bagages du VIe corps étaient encore en arrière...

« *Nous voulons espérer que l'ennemi veut se faire atteindre par nos armées concentrées...*

« A l'aile gauche extrême sont réunies quatre divisions de cavalerie avec de l'artillerie à cheval, comprenant CENT HUIT ESCADRONS qui menacent la ligne de retraite de l'ennemi sur Paris, et qui sont prêts, après une défaite, à opérer une poursuite grandiose.... » (*id. ibid.*)

XIe Corps. — Pour le XIe corps, le seul qui ne soit pas désigné dans le récit précédent, je lis dans un autre, daté du quartier-général à Senuc derrière Grandpré, le lendemain 30 août, et écrit dans la matinée de ce jour :

« Le Ve corps prussien se dirige par Briquenay et Authe vers Saint-Pierremont et Oches. Les Wurtembergeois par Boult aux Bois sur Chatillon vers le Chesne. *Le* XIe *corps* reçoit la même destination, mais *en se dirigeant par Vouziers et Quatre-Champs.* Le VIe corps reçoit l'ordre *de marcher vers Vouziers derrière les autres,* et de prendre ses cantonnements au Sud, c'est-à-dire dans la direction de Chalons. » (*id. ibid.*)

De ces deux récits comparés, l'un du 29 août, au soir, l'autre du 30 dans la journée, il ressort avec la clarté de l'évidence, que, malgré les marches forcées, toute l'armée du Prince Royal de Prusse était encore en arrière de Grand-pré et de Vouziers le surlendemain du jour que nous appelons la « Journée critique », et que ce jour-là, le Ve corps et les Wurtembergeois ne sont arrivés qu'au soir à Sainte-Mene-hould ; que le XIe était plus en arrière et plus au sud ; que le VIe ne fut, ce même soir du 28, qu'à Verrières, en arrière de Sainte-Menehould.

Donc, le 28 au matin, tous les corps d'armée du Prince Royal de Prusse, qui s'avançaient à marches forcées, étaient encore à plus de six lieues au delà de Sainte-Menehould, c'est-à-dire à plus de vingt lieues de Beaumont et encore plus au midi que l'armée du Prince de Saxe. Et comme nous l'avons dit, le 28 au soir, l'armée de Mac-Mahon pouvait être con-centrée autour de Beaumont et Mouzon sur les bords de la Meuse, et avoir franchi le fleuve le lendemain dans la matinée, sans autre risque que d'avoir affaire à un seul corps ennemi, le XIIe Saxon, s'il avait eu l'audace de se risquer seul contre une armée quatre fois plus nombreuse.

Nous croyons aussi qu'on ne nous trouvera pas trop osé d'avoir dit que de Moltke avait peut-être commis une faute, malgré l'habileté de son plan, en se mettant en retard pour l'exécution. Dans les récits que nous citons, qui portent en eux-mêmes les caractères de l'intelligence et de l'exactitude, on a pu voir que, à un moment donné, les narrateurs avouent implicitement, mais nettement, que les armées allemandes sont en retard, que « nous leur avons échappé », qu'ils « ne peuvent pas nous atteindre » ; et ils expriment naïvement « l'espoir que c'est nous qui voudrons nous faire atteindre par leurs armées concentrées. »

Expliquera qui pourra , et comme cela se pourra, le soin que nous avons pris de réaliser cet espoir.

IV

« Nous savions toujours a douze lieues de distance ou vous étiez , et tout ce que vous faisiez ; et vous , VOUS NE SAVIEZ PAS MÊME OU NOUS ÉTIONS. »

« Les commandans d'armée ou de corps d'armée ignorèrent constamment les forces de l'ennemi qui était devant eux... L'armée de Châlons , dans sa marche de Reims sur Sedan , *ne sut jamais quelles étaient les forces ennemies qu'elle avait à redouter , pas même la direction que suivaient ces dernières ;* et ce ne fut *qu'après la bataille de Sedan* qu'elle connut les corps qu'elle avait eu à combattre..

« Les reconnaissances devant être incessantes et agir dans toutes les directions , leur service doit être réglé par le chef le plus élevé en grade... Aucune surveillance n'était d'ailleurs exercée (sur le service des reconnaissances) par les généraux en chef ou les chefs d'états-major généraux , et nous avons vu que dans presque tous les combats , à Borny , à Rézonville, à Beaumont , nos troupes avaient été surprises par l'ennemi. »

> (*Les causes de nos désastres.—Projet de réorganisation de l'armée , par un officier d'État-Major de l'armée du Rhin ; —* ouvrage très-sérieux ; — *Bruxelles , Rozez ,* 1871.)

Les mêmes aveux sont consignés dans la brochure impérialiste intitulée : *Des causes qui ont amené les désastres de l'armée française dans la compagne de* 1870. Je ne l'ai plus sous les yeux , mais il y est certainement fait mention d'un « immense rideau de cavalerie qui nous empêcha toujours de connaître le nombre et la position des forces de l'ennemi. » (!!!)

V

LA PANIQUE DE LA BRIGADE BORDAS A GRANDPRÉ.

On lit dans le premier ouvrage cité ci-dessus, un fait entièrement analogue :

« L'inexpérience des généraux (dans les fonctions de leur grade) leur enlève à eux-mêmes toute confiance dans leur valeur personnelle et les rend souvent incapables d'exécuter de leur chef la plus petite opération.

« Un général de brigade avait été chargé d'aller occuper avec ses troupes et deux batteries d'artillerie la clef d'un défilé important qui se trouvait à 12 ou 15 kilomètres en avant de son corps d'armée. — Il se plaignit qu'on lui donnât, *à lui seul*, une mission aussi difficile à remplir. Plus tard, quelques patrouilles de cavalerie ennemie s'étant présentées, il évacua la position ; et au lieu de se replier sur le corps d'armée qu'il devait couvrir, il prit une direction opposée. (*Des causes de nos désastres*, page 16, texte et note.)

VI

TOUT VA BIEN.

« Le maréchal... refusa l'offre du général Ducrot... de se porter avec son corps d'armée sur Mouzon.. »

« Sur la droite, du côté de Mouzon, on entendait une assez vive canonnade. Le général Ducrot, qui marchait avec la colonne de droite (de son corps d'armée), fit masser ses troupes à Tétaigne, avant de traverser le Chiers, et envoya un de ses aides-de-camp auprès du maréchal de Mac-Mahon, à l'effet de prendre ses ordres, et de lui rapporter les renseignements nécessaires. Au bout d'une demi-heure, le général recevait de son aide-de-camp un billet lui annonçant qu'il venait de rencontrer l'Empereur se dirigeant sur Carignan, et que TOUT ALLAIT BIEN. » (*La journée de Sedan*, par le général Ducrot, pages 98, 95).

VII

LA CONSCIENCE ET LE DEVOIR

«.. Ils deviennent faibles de cœur.. incapables de rien.. ils ne croient à rien : Dieu, patrie... sont pour eux des hypothèses... des mots... Si nous voulons renaître.. faisons rigoureusement notre devoir, tout notre devoir. Nous nous corrigerons ainsi de notre oisiveté, de notre ignorance, de notre indiscipline, et de bon nombre de vices qui nous rongent. (*La « Journée de Sedan, »* Épilogue).

VIII

QUE TOUS LES *Allemands* NE SONT PAS DES *Prussiens,* ET QUE L'UNITÉ ALLEMANDE EST PLUS FACTICE QUE RÉELLE.

Deux faits récens, qui confirment le contenu des dépêches secrètes de Berlin capturées dans les environs de Beaumont en septembre 1870.

—

Nous lisons dans un journal de Paris, à l'occasion de la *Souscription nationale pour la libération du territoire :*

« Il paraît que nous ne sommes pas seuls à désirer la prompte libération du territoire... On nous annonce qu'à Pont-à-Mousson le corps bavarois d'occupation est venu offrir au comité français la somme de trois mille francs, produit d'une collecte faite dans ses rangs... » (*Paris Journal*, mardi 30 janvier 1872).

« Le *Vaterland* (de Munich) a paru le 21 janvier (1872), encadré d'un large filet noir en signe de deuil. Dans le même numéro, le *Vaterland* pleure la perte de l'indépendance bavaroise. Puisse, dit-il en terminant, n'être pas éloigné le temps où la vieille Bavière recouvrera son ancien éclat , son ancienne beauté, et où libre et glorieuse, elle ressuscitera du tombeau dans lequel elle a été couchée le 21 janvier 1871 ! Puisse bientôt luire le jour béni qui rendra la Bavière aux Bavarois ! » (*Journal de Montmédy*, mardi 30 janvier 1872.)

C'est ainsi que le *Vaterland*, organe du parti vraiment national en Bavière, célèbre le premier anniversaire de la création du nouvel *Empire d'Allemagne* (21 janvier), et confirme la dépêche secrète du ministre de Berlin à Bismarck, après la bataille de Beaumont : « Gardez-vous de parler d'accroissement de territoire au profit de la Bavière ; rappelez-vous que cette nation nous est antipathique , et que nous n'avions, au début de la guerre, qu'un homme pour nous en Bavière : le Roi. »

Rappelons-nous nous-mêmes qu'il a fallu non-seulement notre prétention injuste et insolemment formulée de conquérir le Rhin , mais encore la fausse déclaration à la chambre de Munich du ministre du roi Louis , annonçant que l'armée française avait, *de fait*, envahi le territoire allemand, pour décider les députés bavarois à consentir à la guerre. Et concluons que la restauration et la reconnaissance publique du Droit des Gens et de la Justice en matière de guerre , de la part de la France, sera suffisante dans l'avenir, pour séparer la Prusse astucieuse du reste de l'Allemagne asservie.

IX.

Sur le propos des deux sergents qui, à Létanne, déclarèrent hautement qu'ils ne se battraient point, et ne voulaient pas « contribuer de leur peau, tandis que les riches ne contribuent que de leurs écus. »

Nous appelons l'attention des esprits qui seraient encore hésitants entre les deux modes de recrutement de l'armée sur la considération suivante :

On appelait *nobles* autrefois les hommes qui, en réalité, avaient tout ensemble des richesses et du pouvoir.

Évidemment, d'après cette définition, incontestable parce qu'elle consiste dans l'énoncé d'un fait incontestable lui-même, il y a aujourd'hui des *nobles* commo autrefois, lors même qu'on ne les appelle plus de ce nom. C'est le cas de le redire : le nom ne fait rien à la chose.

Les deux principales charges ou fonctions des nobles d'autrefois, étaient 1° la défense du pays contre les ennemis du dehors ; 2° le soin et la protection de leurs subordonnés au dedans.

Les anciens nobles sont tombés parce qu'ils ont cessé ou d'être investis de l'une ou l'autre de ces deux charges, ou de les remplir.

Comment espérer que les riches et les puissants d'aujourd'hui pourront subsister en n'exerçant ni l'une ni l'autre ? c'est-à-dire en s'exemptant du service militaire, et en professant en même temps la maxime : *Chacun pour soi ?*

A toutes les époques, depuis la Rédemption surtout, et aujourd'hui plus que jamais, la foi, le dévoûment et le sacrifice sont nécessaires aux peuples qui ne veulent point périr.

Ces vérités frappent tellement les esprits à l'heure présente, que les hommes étrangers par leurs professions et leurs travaux spéciaux à l'enseignement chrétien, les prêchent avec science et éloquence. Nous citerons en particulier M. F. Le Play, dont les ouvrages sont répandus partout, et M. Lahaussois, qui vient de publier deux excellents livres intitulés : *l'Armée nouvelle* et la *France armée*. Paris, Lachaud. Tout homme intelligent qui aura lu ces ouvrages saura à quoi s'en tenir sur les *principes modernes*, la *Réforme sociale*, et la Réorganisation de l'armée.

RECTIFICATION

—

Il règne quelque incertitude dans notre récit , et dans la pièce justificative correspondante, sur la marche du IVᵉ corps prussien avant la bataille de Beaumont. Cette incertitude est due à la difficulté qu'éprouvent les allemands à prononcer le français , et surtout les noms de lieux. Le IVᵉ corps n'est point allé aux Islettes, comme nous le supposions ; c'est *la Garde* qui couvrait ce défilé ; il n'était pas non plus à Villotte devant Belrain, le 28 , comme nous en avions émis le doute. C'est bien *Villotte*, mais Villotte devant Louppy-le-Château qu'il eût fallu entendre , lorsque le docteur Schmit prononçait. — Enfin, le XIIᵉ Saxon seul a passé la Meuse au-dessous et au-dessus de Verdun, le 25 août.

Au dernier moment, nous recevons un document qui lève tout doute : il est de la main du Major Raabe (régiment nᵒ 86, IVᵉ armee-corps). C'est la *marche-route* de son corps d'armée (7ᵉ et 8ᵉ Divisions) depuis le 20 août jusqu'au 30.

Nous en transcrivons ce qui suit :

« 23 Août... Quartier-général à Commercy.

26 Août. La 8ᵉ Division à Laheycourt, Noyers et Aucecourt.

(Auzecourt). La 7ᵉ Division : Louppy-le-Château et Génicourt. » — A un kilomètre de Louppy-le-Château est Villotte devant Louppy. C'est le *Villotte* du docteur Schmit.

« 27 Août. Repos. »

« Le 28, la 7e et la 8e Division bivouaquent près Montfaucon. » (Entre Vauquoy et Montfaucon.)

« Le 29, la 7e et la 8e Division bivouaquent près Remonville, Bayonville et Chennery. »

Ainsi, c'est bien pendant que notre armée était au Chesne-Populeux, surveillée par quelques hulans, le 27, que les ordres d'accourir furent portés à tous les corps d'armée, encore si éloignés de nous. Le 28, le IVe corps prussien a fait une étape de dix à douze lieues ; et il était, non pas à quinze lieues, mais à plus de vingt lieues de nous, le 28 au matin ; tandis que nous faisions des étapes de treize kilomètres, à deux pas de la Meuse, *qu'il était urgent de traverser le plus tôt possible.* (Depêche du Maréchal au commandant du Ve Corps, datée de la nuit du 28 août. — Campagne de 1870, par le général de Failly, page 39.)

ABSCONDISTE FACIEM TUAM A NOBIS ! ET ALLISISTI NOS !!

COMPOSITION D'UN CORPS D'ARMÉE PRUSSIEN
(LE IVe ARMEE-CORPS).

A l'appui de ce que nous avons dit sur la composition du IVe corps prussien, et aussi pour familiariser les lecteurs militaires français avec la manière allemande, nous donnons ici la composition de ce corps, qui formait le centre à la bataille de Beaumont, et eut la plus grande part dans cette fatale journée. Sa création est de 1867 !

« Le IVe Armee-Corps comprend la 7e et la 8e Division.

« La septième Division se compose de la 13e et de la quatorzième brigade d'infanterie, et de la septième brigade de cavalerie.

« La treizième brigade d'infanterie est formée par :
Le 1er régiment d'infanterie magdebourgeoise, portant le n° 26
le troisième   id.   id.   id.   n° 66
le premier régiment de landwehr magdebourgeois   n° 26
le troisième   id.   id.   n° 66
Un bataillon de réserve magdebourgeois   n° 36

————

« La 14e brigade d'infanterie est formée par :
le 2e régiment d'infanterie magdebourgeoise, portantle n° 27
le quatrième   id.   id.   n° 67
le régiment d'*Anhalt*, portant le   n° 93
le premier régiment de landwehr magdebourgeois   n° 27
le quatrième   id.   id.   n° 67
le régiment de landwehr d'Anhalt   n° 93

————

« La 7e brigade de cavalerie comprend :
Lanciers magdebourgeois,   Régiment n°   7
Dragons westphaliens   Régiment no   7
Hussards magdebourgeois   Régiment n° 10
Hulans d'Altmerk   Régiment n° 16

————

« La 8e Division comprend la 15e et la 16e brigade d'infanterie, et la 8e brigade de cavalerie.

————

« La 15e brigade d'infanterie est formée par :
le premier régiment d'infanterie thuringienne, portant le n° 31
le troisième   id.   id.   id. n° 71
le premier landwehr thuringien   n° 31
le troisième   id.   n° 71

————

« La 16e brigade d'infanterie est formé par :
le quatrième régiment d'infanterie thuringienne,   n° 72
le régiment de fusiliers *Schleswig-Holstein*   n° 86
(le plus exposé et le plus éprouvé , avec les rég. n°s 66, 31
    93, et 96, c. à. d. Sleswig, Thuringe et Anhalt)
le 7e régiment d'infanterie thuringienne , portant le n° 96

le quatrième landwehr thuringien portant le   n° 72
le septième   id.   id.   n° 96

« La 8e brigade de cavalerie est ainsi composée :
Dragons de Schleswig-Holstein; régiment portant le   n° 13
Hussards de *Thuringe* ;   id.   n° 12

« Au IVe corps appartiennent en outre :
le régiment des fusiliers magdebourgeois, portant le   n° 36
le bataillon de chasseurs magdebourgeois,   n° 4
Pontonniers brig.   n° 4
Train ,   n° 4
Artillerie ; brigade   n° 4

Traduit littéralement sur le texte manuscrit d'un carnet ayant appartenu au canonnier Otto Stieghan , dans lequel on lit encore :

« Chaque brigade d'artillerie se compose de deux régiments : un d'artillerie de campagne, et un d'artillerie de place. Chaque régiment d'artillerie de campagne se divise en trois sections à pied, et une section à cheval.

Chaque section à pied a quatre batteries (de 6 pièces); chaque section à cheval une batterie. »

En répétant trois fois cette série, pour le XIIe Saxon et le 1r Bavarois, déduction faite des régiments de landwehr, on aura la masse de troupes auxquelles résista pendant une heure et demie le Ve corps de l'armée de Châlons, en y ajoutant les 3e et 21e de ligne , du VIIe corps , commandés par le général Ameil , lesquels eurent aussi affaire aux Bavarois , à la Thibaudine , peu après le commencement de l'action, puis à la Harnoterie jusqu'à trois heures, avec le 27e.

TABLE